U0153435

本書提供家有0到6歲子女的父母，一本可以隨時翻閱的教養指南

當小孩的先知，掌握關鍵性教養的黃金六年

教養密碼

優秀孩子是這樣教出來的

陳鳳卿　著

自 序
取之社會、用之社會、感恩與回饋

　　自己因為幼年時期學習障礙的缺憾，以至於懷抱著對幼兒教育的興趣，尋覓著能讓孩子更順利、更輕省、更富有樂趣的學習關鍵要素。就在上天關閉幼兒學習障礙之窗，卻為我開啟——踏進幼兒教育領域另一扇門，從此改變自己的生涯。

　　從大學、碩士班，到目前就讀於國立臺南大學教育學系課程與教學所博士班，這一路上有太多貴人與恩人相助。進入師範大學專研人類發展與家庭相關領域議題，受教於指導教授鍾志從博士的鼓勵和催促中，讓我重拾信心，勇闖學術殿堂，再度進入臺南大學博士班專研教育精義。南大學風之鼎盛，如同南臺灣強烈的日照般令人振奮，師長的溫暖和認真，讓帶著北臺灣陰霾多雨氣候的身、心、靈，皆有通體舒暢的愉悅感。受教於黃校長秀霜博士、講座教授陳伯璋和前教育部長吳清基博士、尹副校長玫君博士、教育學系姜添輝主任、林進材教授……等，他們的學養、風範、專業與對學術的貢獻，及投入教育的精神與專注，讓我感動與折服，奉為自我惕勵的榜樣，更感恩有幸能受教於其門下，除師長的關懷與照顧外，更與同班同學結為莫逆之交，也因此觸發我寫這本書的機緣——一切動力來自師長的典範引領與對教育的熱愛。

　　鳳卿目前除了是南大博士班學生外，也是幼兒園園長兼任大專院校幼兒教育相關科系講師，亦是蒙特梭利學會師訓講師，更義務擔任青少年育樂中心——親子館幼兒發展與輔導諮詢專家以及蒙特梭利雙月刊專欄作者，也曾發表多篇有關幼兒發展與教育論文。出版第一本著作為《用對方法教孩子》幼兒叢書，這些實務經驗，除了是對幼兒教育的熱愛外，更是自我追求理論與實務相互印證的前進基石。

今日承蒙書泉出版社鼎力協助出版《教養密碼：優秀孩子是這樣教出來的》，讓我能再將這幾年所學的教育學理，結合實務現場經驗，用深入淺出的語句、轉化呈現現況與要領，提供現代父母養兒育女的參考與著力點，期盼以此書予天下「辛勞與心勞」的父母們，攜手與您的孩子一起走向幸福的親子時光，也預祝全天下父母都能擁有甜蜜的親職生活！

陳鳳卿

註：本書所有版稅，將捐贈予高雄市十全國小（母校）和中路國小（輔導學校），助學專戶之用，以記取那段幼年學習障礙之苦，期待更多孩子能有效學習並學習有成，回饋社會。

推薦序一 —— 打造孩子人生的金鑰匙

　　該給孩子什麼樣的教育？不僅是現代父母最關心和憂慮之事，也是父母的一大挑戰與試煉；其實，只要用對方法，平凡爸媽也能教出不凡的孩子。

　　陳鳳卿園長新作《教養密碼：優秀孩子是這樣教出來的》即將問世，有別於坊間五花八門的幼教相關書籍，這是一本有理論基礎的實用教養專書。本書透過人類發展的角度，以生動且具體的實例，深入淺出地把她在幼兒教育領域所累積的心血結晶化為文字，從孩子的飲食、語言、動作、生活自理、情緒、社會互動與人際關係等面向著手，和讀者分享教養的新知與小秘訣，提供了許多引導孩子學習的方法，讓用心的父母、老師能減少摸索與挫折，不僅是為人父母必備的寶典，也是關注幼教問題的老師、學生最佳的參考依據。

　　陳鳳卿園長目前就讀本校教育學系課程與教學博士班，是一位心思敏捷、熱情活力且學養豐富的幼教專家。此次她以親切易懂的敘述模式，舉出幼兒時期生活中常見的教養難題，運用說故事的方式，讓父母、老師充分瞭解孩子成長的特質與關鍵，並提供具體可行的建議，跨越理論與實務的鴻溝，幫助父母和老師在教養孩子的過程中，用對技巧，增加自信，以理想的教養方式，為孩子打造開啟智慧大門的金鑰匙，引領孩子找到前進的方向。

孩子的未來從這一刻開始，用對方法就能教出優秀孩子。希望不論父母或老師，都能成為孩子成長的助力，陪伴孩子，通過人生的考驗，綻放自己的光芒。

國立臺南大學校長

黃秀霜

推薦序二

　　幼兒是人生發展的重要關鍵時期，無論是心理學者或教育學者都強調其重要性，尤其少子女化後，如何推動幼兒優質教育更是教育政策中的重中之重。但如何進一步落實此一措施，可不只是朗朗上口的「理念」或「口號」式的宣示即可，而是要有具體策略和適切的方法才能實現。鳳卿正是針對此一需求，以其熟悉的幼教理論和純熟的經營與實踐之經驗所撰寫的相當實用的一本書。

　　本書在第一篇「親師協力篇」中可看出鳳卿對幼教的關鍵人物──父母與教師必須攜手合作，導引幼兒正確的認知情意發展及習慣養成相當重視。畢竟幼兒的發展不只是個別父母或教師的責任，而是共同細心呵護的付出。在第二篇「教具活動篇」中，更強調適切教養方法與靈活教具使用的重要性，幼兒活動是需要「人」的參與，更要「媒介」（或教具）的正確使用，如此才能讓學習過程多采多姿，讓幼兒樂於學習，使成長充滿喜悅。

　　綜觀此書的完成，不僅可提供學前教育的經營者及教學工作者寶貴的經驗，同時也可給父母在子女成長與學習的過程中，有用的參考指引。值此書出版之際，特為鳳卿的用心及投入予以肯定並樂為之序，希望幼教界各位同仁及關心子女的父母們，給以指教。

國立臺南大學教育學系講座教授

陳伯璋

推薦序三
你怎麼教出優秀孩子

　　鳳卿老師是一位極為優秀的學前教育專家，以多年的專業知識和豐富的實務經驗，不但見知於社會，擔任幼稚園的園長，深受家長、師生及社會的肯定，並在大專院校任教，此外，還孜孜不倦的繼續在國立臺南大學課程與教學博士班進修，最近她的大作《教養密碼：優秀孩子是這樣教出來的》即將出版，特請我為序，由於有共學之雅，並忝為其師，乃欣然應允。

　　人類是迄今為止，唯一具備有系統、有意義、有層次、有目的之教育行為能力的生物，因此號稱為「萬物之靈」，而教育學者們自發展與認知的角度，覺得教育的發生，應該愈早愈好。無論是家庭教育、生活教育或學校教育，都應及早著手，以把握斐斯塔洛齊所形容「向既美麗又可愛如鮮花美草般的兒童，施以及時而適當的教育活動」，這樣方能「施教以時」，獲得最理想的學習成果。鳳卿老師由理論與實務兩方面著手研究，用既生動又實用的知識與筆調，幫助我們的家長與老師，從大處著眼，自細微處著手，將孩子在衣、食、住、行、育樂等活動中，我們應有的作為一一娓娓道來。其中無論是對發展程序的介紹、生活習慣與生活能力的養成、孩子基本能力的培育、適度激勵的運用、孩子心理障礙的克服，都納入「親師協力」和「教具活動」兩大部分，斐然成篇，而且文筆生動活潑，親切自然，真是不可多得。我相信所有的讀者，在仔細閱讀後，必然大有獲益，人人都可以輕鬆圓滿的獲得對孩子最大的助益，並且終生獲益。

一本書在經濟上，對大家所耗極為有限，卻可帶來如此龐大的美好成果，同類書籍本即不多，而由國內專家執筆，特別適合國內讀者閱讀的尤其少，這是一本您永遠覺得遠超所值的大作，我十分榮幸能先睹為快，僅此恭喜鳳卿寫作的成功，也欣喜的將它推薦與您，謹為之序。

國立臺南大學教育學系教授兼副校長

尹玫君

推薦序四 — 生生不息的正面能量 ——

　　鳳卿在她第一本《用對方法教孩子》書中，曾提及自己在求學的過程中，有學習障礙的問題，因而對幼兒教育有濃厚和特別的興趣。她相信在孩子幼年時期充分發展他們的潛能、促進其各項發展，將有助於未來學習之路順暢無阻。甚至及早瞭解孩子的發展優勢，將使得父母親在陪伴他們成長的過程中，能掌握正確的方向與原則，以培育優秀的孩子。

　　基於感同身受的心情，和特殊教育的工作背景，促使鳳卿能明快地透過嬰幼兒的行為和表現，察覺其間的問題，並對於教學策略和教養方向的建議有獨特而有效的見解。此項能力不僅展現於她的工作崗位上（幼兒園園長），更發酵於她為親子館（臺北市青少年育樂中心）的家長們診測嬰幼兒的學習能力和能力優勢，以及接受家長諮詢的活動上（目前已預約至半年以上）。

　　嬰幼兒期是一個既神祕又吸引人的發展時期；似乎人人可懂，卻又令人無法掌握。坊間很許多專業書籍以抽象的理論談論嬰幼兒的發展，也有以養育孩子的角度分享教養心得；卻缺乏以專業理論的角度看待嬰幼兒發展事宜，同時又能運用深入淺出的方式解析發展相關問題。

　　本書《教養密碼：優秀孩子是這樣教出來的》，摒棄艱深的理論詞彙，採用親切易懂的敘述模式，運用說故事的方法，娓娓敘說嬰幼兒發展與行為問題的癥結，試圖跨越理論與實務的鴻溝，為兩者搭起互動的橋梁。內文不僅涉及嬰幼兒生理、心理需求的層次，亦從父母關懷的面向，交互傳達幼兒教育概念；問題層面廣及學習、語

言、動作、生活自理、情緒、社會互動、人際關係等，為其特色。不僅適合學前及低年級學齡父母親閱讀，對於大專幼保、護理及相關科系學生更是具體生動的活教材，甚至是幼兒園教師的實務寶典。

　　最難能可貴的是，她確信正面能量的傳遞將持續不斷影響周遭的人事物，而生生不息。由於曾經「學習失利」和「失學」的痛苦，讓她對於「助學」有特別的情懷。第一本書《用對方法教孩子》，她將版稅全數捐給羅東聖母醫院、花蓮門諾醫院和臺東阿尼色弗孤兒院，以歡喜心感念、迴向父親的培育之恩。此次，《教養密碼：優秀孩子是這樣教出來的》，以懷抱感恩心，回應臺南大學師長的溫暖和無私的付出，以及同學相知相惜之情，將全數版稅捐贈於阿蓮鄉中路國小和高雄十全國小，以資「教育儲蓄戶」之用。敬邀各界共襄盛舉！

國立臺南大學教育學系主任

（姜添輝）

作「虎媽」也作「好媽」

依據多項國際性的研究指出，孩子的童年是一生中成長的關鍵時刻。父母在孩子成長歷程中，宜具備正確的理念、適性的觀念，提供孩子溫馨和煦的成長環境，讓孩子在父母寬嚴並濟的教養態度中成長，才能在未來的社會中多元發展、穩健成長。

很多父母篤信「虎媽」才能教養出頂尖優秀的孩子，才能讓孩子在精雕細琢的策略中，依循著父母的期望成長。殊不知，「虎媽」的成功是奠基於「好媽」的理念上。「好媽」會在對的時機用對的方法，在不對的時機也用對的方法；「好媽」會在對的時刻用對的策略，在不對的時刻也用對的策略；「好媽」懂得依循幼兒的心理，運用高效能的教養策略；「好媽」懂得用對的方法，教出優秀的孩子。

《教養密碼：優秀孩子是這樣教出來的》一書，是作者累積多年幼兒教育的結晶，將其精湛的幼教理念、深奧的幼教哲學、豐富的所長經驗，透過淺顯易懂的文字形式，結合實際的策略呈現出來的成果。本書的內容囊括幼兒發展理論、幼兒教育實際工作經驗、幼兒教養實際案例、幼兒常見的發展理念與問題等，透過精彩具體可行的方法、明確效率的步驟，結合彩色解說圖解，提供現代化家長養兒育女的寶典。透過本書的閱讀，可以瞭解幼兒成長中的各種需求，父母需要具備哪些正確的理念，可以運用哪些有效的策略，可以採取哪些效能的步驟，讓父母可以用對方法教出優秀的孩子。

個人與本書的作者陳鳳卿所長相識多年，且忝為任課教師，在相關課程中對於陳所長的幼教理念相當激賞，且感佩於陳所長對於幼兒教育的執著，期盼好的理念可以

透過出版的方式，發揮高度的影響力。個人何其榮幸，可以在本書的出版前夕，讓我先行拜讀，十分感謝。至盼本書的出版，能夠提供現代化的父母，在養兒育女過程中的參考。期使大家既作「好媽」也作「虎媽」。

國立臺南大學教育學系教授

林進材

推薦序六

　　鳳卿老師又有新的東西和大家分享了！如果您正在翻閱這本書，相信您是一位愛護子女的父母親，或者，您是一位關心幼兒教育的人士。我想您一定會發現，這本書非常實用！

　　腦神經科學的研究提醒我們：兒童對負面的經驗印象深刻，這些不愉快會在大腦烙下痕跡，影響日後的生活。而這些負面的記憶可能來自於兒童從小在家裡與父母相處的經驗。天下父母心！誰會傷害自己的孩子？只是，父母望子成龍望女成鳳心切，一個不小心，忽略了孩子發展的特質與需要，就容易鑄下教養的大錯，把子女推向痛苦的深淵。我們祈望今日父母能學著瞭解自己的孩子、接納孩子的想法、放下自我的執著！提供孩子成長的需要，多一點親子互動，也多鼓勵孩子走出溫室，體驗人生！在每一個家庭的親職畫布上不再畫上相同的金龍和金鳳。

　　要瞭解自己的孩子，父母應該先知道孩子發展變化的意義。鳳卿老師就其多年的現場經驗與豐富的學術基礎，再次整理了她對親子共處的建議，她也設計了許多親子可以共同進行的活動提供家長參考。真的！只要「用對方法教孩子」，您的孩子就會優秀、有自信、有競爭力，將來能為國家社會所用。願大家一起共勉之！

國立臺灣師範大學人類發展與家庭學系副教授

鍾志從

認識孩子才能用對方法

　　我們常羨慕別人能教出優秀的孩子，也渴望在孩子成長的歷程中有優質的親子互動。嬰幼兒階段是最重要的開始，也是日後發展的基礎。養兒育女的方式五花八門，唯有透過人類發展的角度認識嬰幼兒的成長特質，才能用對方法做出正確的選擇。

　　鳳卿園長所著《教養密碼：優秀孩子是這樣教出來的》這本書，是本相當適合父母和幼教工作者閱讀的教育書籍，內容除介紹養育嬰幼兒過程中需注意的觀念外，也提供了很多有關於父母教養孩子應具備的知識。內容讓父母懂得先要瞭解孩子的發展特質，然後才能在孩子出現一些階段性的行為時，協助自己做出適當的抉擇，在養兒育女的路上，不但可以減少摸索和錯誤嘗試，還可以和孩子一起享受成長過程的喜悅和收穫。

　　作者有著幼教實務經驗與幼保科講師的專業背景，在兼具理論與實務下，這本書透過每個主題介紹，搭配個案問題，再以孩子的發展特質去探討問題的來源，最後提出具體的因應策略。內容淺顯實際易懂，方法明確循序漸進，面向兼顧孩子特質及父母的心理，篇篇貼近為人父母常面臨的問題，讓讀者閱讀當下有「茅塞頓開」之感，是本易讀價值性高，且可在短時間內大量吸收養育子女新知的寶典。

　　和鳳卿結緣是因她是內人研究所很好的同學，目前就讀臺南教育大學課程與教學博士班，同時令我意外和驚喜的，她也是我目前服務學校──十全國小的校友。在經營幼兒園之餘，還遠從臺北撥冗南下讀書，這種認真求知的精神真令人敬佩。因其南下求學之故，和她有較多機會接觸到熟稔，發現她的個性平易近人真性情，有著不

斷追求新知、做事投入的生活態度。

　　今欣聞鳳卿新書即將問世，有幸能先拜讀《教養密碼：優秀孩子是這樣教出來的》一書，文中對孩子的動作、認知、情緒、人格及社會互動發展有深入的介紹，有助於提高親子間的相處藝術，相信曾為人父母者閱讀當下會有股「心有戚戚焉」之感，而即將或初為父母者閱後則會對幼教之路更具信心。隨著這本優質的幼教專書出書，預期可更加滿足社會大眾對於子女教養知能的需求，對於奠定孩子基礎發展有所助益，亦是促進社會教育和發展的一大貢獻。

　　十全國小有此優秀校友，深以為榮，也祝福全天下的家長們用對方法，教出優秀的孩子，共同開創出健康美好的人生。

高雄市十全國小校長

鄭進斛

好父母難為？—您用對了好方法嗎？—

做一個「會愛」又「會教」的父母

養兒育女的路，是一條漫長的巔頗之路，常有人說：我們是在當了父母才學習如何當父母；總是在摸索與受創千百次後才學會如何當稱職的好父母。當全球迷漫在「Linsanity」的風潮時，是否深思：人的潛能只有在被充分瞭解、肯定與尊重的情況下，才能愉快與自發的發揮所長。因此，身為父母者，您「用對了教育的方法」嗎？俗話言：三歲定終身，六歲看一生，給孩子完整的愛與最好的教育，從幼兒期的教養投資，方能為孩子打造一個黃金童年。

擇一本「可學」又有「驗證」的教養書

「生兒難，養兒更難」是許多父母的心聲，「親職教養」更是現代教育學者專家大聲疾呼的議題，如何讓親愛小寶貝在溫暖舒適的家庭中健全成長，如何養出優秀又有智慧的孩子，更是許多父母共同的心願，《教養密碼：優秀孩子是這樣教出來的》一書作者自身從事幼教實務教學與擔任幼保科講師數年，投入幼教研究與諮商的經歷，化為親切易懂的故事敘述，娓娓訴說「父母教養」問題癥結，從父母關懷面向，亦由幼兒心理需求交互傳達幼兒教育概念。內容涵蓋：幼兒學習、語言、動作、生活自理、情緒、社會互動、人際關係等，理論與實務兼俱，用字精準、流暢、淺顯、詼諧，句句扣人心弦，書中探討的種種面向，就如同發生在你我身邊一樣，頗有「知我者，鳳卿老師是也」的戚戚感。所以，《教養密碼：優秀孩子是這樣教出來的》此書是身為父母者的教養經典，同時也是教育工作者必備的讀本。

做一個「聰明」又有「智慧」的好爸媽

　　聰明又有智慧的爸媽們，孩子的童年教養不能等待，在幼兒期用對的方法教孩子比往後用更多的心力糾正來得輕鬆。想體會「書中自有妙技，書中自有好絕招」，透過此書精彩具體可行的方法、明確效率的步驟，生活化結合彩色解說圖解，您便可輕鬆成為現代好父母。

楔子～伯牙與子期的知音緣

　　與鳳卿結緣於臺南大學博士班同學，又曾聘請其為本校幼稚園親職教育講座講師與擔任本校特殊生的義務輔導教師，對其幼教專業素養與教育愛的熱忱所折服，有幸能先拜讀《教養密碼：優秀孩子是這樣教出來的》，更加深我對身為好友的崇拜與讚嘆，特獻上一詞：好書‧好方法‧好老師；教人‧教己‧教天下望子成龍父母。

高雄市中路國小教務主任

朱麗玲

目　錄

第一篇　親師協力篇

第二篇　教具活動篇

Contents

第一篇
親師協力篇

1 認識孩子的發展 ——不要揠苗助長

在養兒育女的路上，

瞭解孩子各階段的發展特質，

不僅能協助孩子掌握學習黃金期，

也能促進優質的親子互動。

逸華夫妻倆都在大專院校任教，平時忙於授課和研究工作。在殷殷期盼下，一年前終於喜獲麟兒。為了選擇照顧寶寶的方式，兩人著實費了一番工夫討論，最後做出「先請南部父母照顧，待一歲再接回臺北送往托嬰中心托育」的決定。歷經九個月南北奔波的日子後，最近將寶寶接回臺北，一如原先規劃的模式——白天將寶寶送到托嬰中心，晚上自己照顧。原本以為這樣的安排不僅可以免除思念孩子之苦，假日也能享受天倫之樂，沒想到寶寶回臺北後，卻產生極大的不適應症，出現哭鬧不安的焦慮情緒，夫妻兩人每天都要面對許多措手不及的突發狀況，等到孩子就寢，早已忙到人仰馬翻、疲累不堪，根本沒有原先期待的美好親子互動關係。另一方面，婆婆思孫心切，經常提出再將孫子送回南部照顧的要求。在多重壓力衝擊之下，兩人不禁自問：難道當初的決定錯了嗎？

　　每個個體在成長的歷程中都有相同的發展階段，瞭解這些階段的發展，正是幫助孩子成長的第一步。故事中的這對父母若在接回孩子之前，能瞭解嬰兒的認生期從七、八個月開始，其

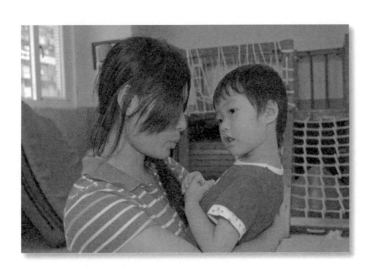

高峰期會持續至一歲半,就不會做出在孩子九個月大接回臺北的決定了。因為這段期間,孩子對原有的照顧者已產生不可取代的依附關係,且這個現象直到兩歲左右才有更多取代與轉換的空間。孩子與婆婆剛剛建立了良好依附關係,就被迫分離回到臺北,重新適應新的照顧者與環境,對幼兒而言都是一個巨大且不易適應的轉變。所有哭鬧不安、適應困難、不容易安撫等現象,從發展學的角度來看,一點都不令人感到意外。

父母若能瞭解嬰幼兒的各項發展,不但能協助自己做出更適當的抉擇,在養兒育女的路上,還有其他更意想不到的收穫呢!

掌握學習的黃金時期

嬰兒從一個無助的狀態發展到具有說、寫、讀、算能力的兒童,其中經歷了許多不同階段的變化。這些變化正是孩子相當重要的學習時期。就像毛毛蟲出生後自然擁有「向光」的特質,引導牠去吃樹枝上的嫩葉。等到毛毛蟲長到夠大,不需再靠嫩葉維生時,其「向光」的天性也自然消失

了。在人的身上也有許多與生俱來的特質，可以幫助嬰幼兒學習。若與這些天賦潛能擦身而過，將錯失了學習的敏感契機，白白浪費了天賦的美好禮物。

瞭解學習優勢

每一個孩子雖然都依照發展趨勢，經歷嬰兒期、幼兒期、兒童期等不同階段的發展，但相同階段中，依然有許多個別差異性存在。父母期許孩子學什麼、會什麼，但是如果不瞭解嬰幼兒的基本能力與學習管道，事倍功半的情形就會不斷上演。例如：若父母不瞭解孩子的優勢學習是動作能力，一味要求孩子要專心、安靜讀書，甚至禁止孩子做出比手畫腳的行為，其學習將產生適得其反的效果。

發展多元智能

除了順勢利用幼兒的優勢能力學習事物外，也可以協助幼兒發展語文、數學邏輯、空間、肢體動覺、音

樂、人際、內省、自然觀察者等智能。除了拓展孩子的視野，也達到全人發展的效能。例如：二～六歲是學習音樂的敏感期，若錯過了這個時期，其音感的學習速度將不及學齡前的階段。

促進優質的親子互動

親子間最高的相處藝術在於瞭解，除了瞭解孩子的個性、情緒、喜好外，更重要的是對孩子的動作、認知、情緒、人格、社會互動的發展略知一二，才能建立瞭解的基礎。例如：四、五歲的幼兒正是使用雙手操作與探索環境的高峰期，環境的一切事物都成爲孩子操弄與玩耍的對象，若父母不清楚這個發展特質，就會責怪孩子不能遵守規矩，進而阻止孩子探索環境，如此一來，親子衝突的戲碼就會不斷上演，更談不上優質的親子互動。

成為稱職的父母

稱職的父母除了提供孩子食、衣、住、行的照顧外，適情、適性的引導與介入更不可或缺。每當上班族的父母帶著一身疲憊由工作崗位返家，一入門看到心愛的孩子，不由自主想去擁抱、親吻孩子。若孩子正專心進行搭建積木活動，並未馬上回應父母的召喚，此時父母心中難免不是滋味，進而極盡所能想引起孩子反應。殊不知這並不是一個正確的舉動，反而是一種干擾幼兒專注的行爲。因爲此時孩子的不回應並非刻意的疏忽，而是他正在發展專注力與建構動作協調能力。

提早發現問題

　　「少子化」是當今社會相當普遍的現象。每個孩子都是父母捧在手中的心肝寶貝，在疼惜與保護的注視下，孩子的行為無論好壞都成了父母眼中「可愛」的舉動。許多具有學習障礙與發展遲緩問題的孩子就在父母認為「孩子還小，等進了小學就會」的想法下，錯失早期療育的良機。尤其當孩子具有特殊能力，卻沒有普通能力時，最容易被高學經歷背景的父母忽略。一位「高功能自閉症」的孩子，擁有對於文字、圖形過目不忘的能力，但是卻沒有與他人溝通、互動的能力，可是父母誤認為孩子「資賦優異」，只是不愛講話；這個孩子會一字不漏背出一本書的內容，用以回應同儕的互動，父母還以為自己的孩子「知識淵博」，是同齡幼兒能力不足，所以無法和自己的孩子互動。這些錯誤觀念是造成無法及時正視孩子問題的主因。

　　有鑑於特殊幼兒人數有逐年升高的趨勢，為減少將來社會成本與負荷，並基於防範未然的考慮，政府相當重視幼兒早期療育系統的運作。目前除了積極邀請幼兒園老師參與初階、進階、高階早期療育訓練課程外，亦鼓勵園所將特殊兒的現況通報至社會局，以便安排專業巡迴輔導老師協助園所進行融合教育，幫助帶班老師瞭解特殊兒的行為特徵，並促進其發展。

結語

　　幼兒的成長並非單一方向，而養兒育女的方式五花八門，令人眼花撩亂無從選擇，唯有透過人類發展的角度認識嬰幼兒的成長特質，才能做出正確的選擇與明確的方向。

2 認生期的危機 與轉機

當您的孩子看到您卻嚎啕大哭時，
運用優質照顧模式，
可以幫助處於認生期危機的父母，
重建良好的親子互動。

美欣與先生都擁有理財專員的亮麗頭銜，白天投身於股海浮沈中，晚上又要閱讀各項資訊，在數字的世界中忙得天昏地暗，平均二～三星期才回公婆家中探看掌上明珠。前一陣子女兒剛學會翻身，臉部表情越來越豐富，發音和語調也有不同的變化，真是「一暝大一吋」！但是，不知怎麼一回事，上個週末夫妻倆興高采烈回家看寶貝女兒時，不僅吃了閉門羹，還引起女兒嚎啕大哭。起先以為孩子不舒服或生病了，後來發現是夫妻倆突然造訪，讓女兒受到了驚嚇。父母嚇到了自己的孩子，真是令人情何以堪啊！

美欣當晚輾轉難眠，心中五味雜陳、不斷自責，回想當初曾經想要放棄工作親自照顧女兒，經多方考量後打消此念頭，才將孩子送到婆家。現在，女兒和公婆產生了不可分離的情感，卻不認爹娘了！真教人悔不當初。

依附關係發展四階段

　　從嬰幼兒發展的角度來看，嬰兒與照顧者之間（通常指母親）很自然而然會產生一種依戀或依附的親密情感，這是存在於兩人之間的一種雙向而親密的情感聯繫，稱為「依附關係」，可藉由下列三項行為指標來判斷依附關係的現象：

　　(1) 主動縮短與依附對象的距離。

　　(2) 對陌生人保持距離。

　　(3) 抗議依附對象分離的情形。

　　由美欣夫妻的事件看來，他們的女兒正處於與照顧者發生親密依附關係的時期。因為與女兒不常見面且接觸的時間有限，因此對女兒而言，祖父母是她依附的對象，父母暫時成為陌生的親人。要解決這個問題之前，我們先來看看依附關係階段性的反應與行為特徵。

1. 第一階段：無特定對象的社會反應（零～二個月）

　　嬰兒出生後必須依賴照顧者全心的照顧。若照顧者對嬰兒發出的啼哭和微笑的訊息，經常有正向的回應，也會引發嬰兒對此照顧者有別於他人的反應，但是尚無明確的喜好以及選擇性行為出現。

2. 第二階段：對特定對象的社會反應（二～七個月）

　　此時期的嬰兒尚未發展出物體恆存概念（物體或人物從眼前消失，幼兒會知道它或他仍然存在，並沒有消失），當父母與孩子分離時，雖然孩子會出現不悅的情緒，但是他的分離情緒總能很快被安撫下來。

3. 第三階段：主動尋求與依附對象親近（七個月～兩歲）

　　七、八個月大的孩子逐漸發展出自主性的爬行能力與物體恆存的概念，而有尋找物品的動機，並有明顯親近依附對象的行為出現，同時也會排斥不熟悉的陌生對象，稱為「認生期」。

9

換句話說，這階段是真正依附關係發生的時期，嬰兒會親近依附對象、抗議與依附對象的分離，並且以不同行為引起依附對象的注意與反應。上述案例中美欣夫妻所遭遇的問題，就是此階段嬰兒的行為特徵。令人欣慰的是，當孩子漸漸長大，其所依附的對象又有不同的轉變。

4. 第四階段：相似目標的建立（約兩歲後）

兩歲後的幼兒其物體恆存概念發展逐漸成熟，更能接受與依附對象分離，並能與他人建立相似目標或不同的依附關係。若要更換照顧者或進入園所就讀，這是相當適合的時期。

照顧者與依附關係類型

依附關係的發展有其階段性，但是照顧者與嬰幼兒互動後所產生的結果與品質，才是父母更應該關注的內容。其類型可區分為下列三種：

1. 安全依附型

照顧者具有高度的敏感性，能察覺嬰兒的生理及心理需求，適當回應孩子，也能以尊重、合宜的態度看待嬰兒的發展與自主性，並且配合嬰兒的活動步調，還能以和藹可親的神情和嬰兒互動。幫助孩子形成一種信賴別人的架構，而照顧者也能建構一個關懷與愛的典範。

2. 不安全——逃避依附型

逃避型的照顧者其情緒特質較偏負面反應，經常表現出氣憤、敵意及拒絕的態度，與孩子的互動也較缺乏耐性和反應性。

3. 不安全——矛盾依附型

此類型的照顧者較常採用不一致的行為來對待孩子，其表現不僅無法配合孩子的步調，又

常過度干擾嬰幼兒的活動，並且回應孩子訊息的敏感度低，因此形成嬰幼兒對他人較不能信任且缺乏安全感。

優質照顧模式

1. 採用互動模式照顧嬰幼兒的生理需求

餵奶前先用語言、眼神與表情預告孩子：「媽媽泡好牛奶了，現在要餵你喝奶喔！」說完後，等待孩子回應（觀察孩子的表情和眼神的變化）再餵奶。在一來一往的回應與互動中，發展出良好的依附關係。

2. 拒絕「電視保母」與「錄影帶保母」

忙碌的父母一方面想工作，另一方面又想陪伴孩子，而能幫助父母達到魚與熊掌兼得的方式就是使用「電視」來照顧孩子了。嬰幼兒很容易被聲、光吸引，產生「假性專注」的情形，但父母並不容易察覺，以為孩子不吵不鬧、專心看電視，就是良好的照顧模式。另外一種迷思是父母受到銷售員的誤導，以為重複播放美語錄影帶就能為孩子打造語言環境，殊不知孩子專注的目標不是語言的內容，而是玩偶、聲音與影像的變化；而這些內容對親子互動或依附關係並沒有任何助益，反倒影響嬰幼兒的專注力與認知能力的發展。

3. 尊重嬰幼兒的自我探索與學習時間

當照顧者滿足嬰兒各項生理需求後，孩子會出現一段自我安靜的時間，並逐漸發展出探索身體與外在環境的能力。因此，當孩子出現這些行為時，照顧者只需在旁邊觀察而不要貿然介入或干擾。如此一來，就能達到尊重與回應嬰兒的發展及其自主性。

4. 接納嬰幼兒動作發展歷程

嬰兒出生後即展開動作發展的歷程，尤其兩歲前的感覺動作期與認知發展習習相關。從漫無目的的手舞足蹈至翻身、坐起、爬行與行走，雖然都是與生俱來的本能，但是照顧者提供的安全環境與接納態度，卻具有舉足輕重的影響力。安全環境並不等同保護環境，安全環境是指孩子在環境中依著其發展需求而能自主安全的活動；而保護環境則指成人主導與控制的環境，例如有範圍的遊戲空間與嬰兒床的區別。

5. 培養挫折容忍力

在嬰幼兒動作發展與練習的過程中，只要「不傷害自己」、「不傷害別人」、「不破壞環境」、「不違反規範」的事物，皆可以讓嬰幼兒接觸與練習。例如：在不同的地面行走，並容許孩子跌倒，甚至接受孩子皮肉之傷；還能用正面態度告訴孩子跌倒不要緊，更重要的是自己會從跌倒中站起來，進而產生動作的協調性以及保護自己的能力。最令人喝采的是養成面對挫折與解決問題的能力。

優質的親子互動

身為一位忙碌的父母，若能運用「優質照顧模式」，必能使處在認生期危機的父母獲得轉機，並在工作與親情之間取得平衡點。利用有限的時間，創造優質的親子互動模式，達到重質不重量的實質效果。

3 協助嬰幼兒進食六步驟

餵食過程除了滿足嬰幼兒的生理需求外，
更重要的是在過程中，
與孩子建立親密、信任的互動關係。

　　如茵與先生一起經營電腦公司，內務與外務一手掌握，雖然每天相當忙碌，但是看到公司的業績蒸蒸日上，所有辛苦都有了回饋，便不覺辛苦。尤其女兒出生後，婆婆即主動表示可以代為照顧。能將掌上明珠交給細心又謹慎的婆婆照顧，不僅令如茵相當放心，更無後顧之憂的投入工作。

　　不過，近來婆婆餵食女兒時，女兒不斷和她搶奪湯匙、碗筷，不僅造成餵食困難，也使得祖孫之間的衝突不斷，更讓夾在其中的如茵相當為難。若站在婆婆這邊，會造成女兒的「情緒暴動」；若站在女兒的角度，則會得罪婆婆。到底該如何協助孩子進食？

　　一位專業的嬰幼兒照顧者除了滿足孩子生理的需求外，也可以透過餵食的過程培養孩子的手眼協調、專注力、獨立性與自信心，同時帶給孩子正面的肯定。

　　一般人因為不瞭解嬰幼兒的身心發展階段，因而發生餵母奶或使用奶瓶餵食牛奶時，經常出現「一心兩用」的錯誤情形，例如：一邊餵食母奶，一邊講電話、看電視，或是讓嬰兒躺

在嬰兒床上，將奶瓶墊高取代照顧者的餵食動作。這些動作皆不宜，照顧者應採取注視而專注的態度面對餵奶工作。因為餵食的過程，除了滿足嬰兒的生理需求外，更重要的是在過程中與孩子建立親密、信任的互動關係。就發展的角度而言，照顧者在餵食的過程中，擁抱孩子並進行眼神接觸的同時，也帶給孩子視覺、觸覺與本體感覺（由肌肉和關節而來的感覺）的刺激，而這些刺激皆有益於嬰兒的成長與發育。

其次，當嬰兒長牙後，是添加副食品最好的時機。照顧者可透過添加副食品的歷程，逐漸協助嬰兒接受各種食物，如此，不僅能促進其味覺、嗅覺與認知能力的發展，亦可避免親子之間不必要的衝突。其程序與方式如下：

一、提供液體食物

製作方式

將蔬菜洗淨，放入滾水中煮出汁液，成為蔬菜水。

餵食方式

照顧者用湯匙舀取蔬菜水餵給孩子食用，讓孩子透過舌頭、口腔、鼻子感受食物的味道和氣味，同時告訴孩子這個液體的名稱，例如：芹菜水。

注意事項

先提供蔬菜汁，待嬰幼兒接受各種特殊的蔬菜味道後（例如：青椒水），再提供稀釋後的新鮮果汁，如此，嬰幼兒就更能接受不同味道的蔬果了。

二、提供泥糊狀食物

製作方式

將蔬菜洗淨煮熟或水果磨成泥狀，例如：馬鈴薯泥、蘋果泥等。

餵食方式

照顧者用湯匙舀取蔬菜泥，讓孩子看到內容物並張口後，再送進孩子的口中，同時告訴孩子蔬菜泥的名稱，讓孩子使用牙齒、舌頭、口腔慢慢咀嚼，並練習吞嚥食物。

注意事項

一次只給一種食物，並持續提供數日。除了可以發展味覺外，同時可學習辨別不同食物的味道。成人可觀察孩子是否對某種食物過敏。此時期若提供麥粉，最好也調和成泥糊狀，並用湯匙餵食。

三、提供混合食物

提供的時機

持續餵食蔬果泥一～二星期後，照顧者可從孩子的表情中得知孩子喜歡或厭惡某種食物，待瞭解後再提供混合食物。

餵食方式

當孩子尚不能自如的坐下來進食，可先抱著餵食，但需留意其咀嚼與吞嚥的速度，不要操之過急，也不要疏忽孩子的意願與感受。

四、坐在餐桌接受餵食

待孩子會坐立後,可讓他坐在餵食桌,面對照顧者接受餵食。孩子除了可以與照顧者面對面使用眼神、表情和語言交流外,並可學習餐桌禮儀,這也是學習獨立的開始。

五、學習使用叉子

照顧者和孩子進行一對一餵食約四星期後,孩子開始出現伸手抓取照顧者手中湯匙的情形後,可試著讓孩子練習使用叉子進食。

適合的器具

嬰兒專用的塑膠叉子。

適合的食物

煮熟的紅蘿蔔塊、馬鈴薯塊等蔬菜類,或是香蕉、哈密瓜等水果類。

練習的程序

1. 照顧者將食物放在孩子面前,介紹名稱後用叉子叉好食物,再交到孩子手上,讓他自己拿著叉子進食。整個過程的動作速度需放慢,同時加上語言,例如:叉子、香蕉、叉好、給、吃、甜甜的、軟軟的等。

2. 練習一段時間(約一個月後),再讓孩子自己使用叉子,從盤中叉起食物送入口中。照顧者一次只給一種食物,份量為一塊,孩子吃完後再放入第二塊。

3. 孩子能順利使用叉子取用食物後,可在盤中放入兩種食物,讓孩子能依自己的意願選擇食用的順序。

小叮嚀

1. 照顧者在協助孩子使用叉子的過程中，如果看到孩子玩叉子，不要急著將叉子搶下來，先在一旁觀察孩子的行為，以免剝奪孩子探索、學習的機會。

2. 如果發現孩子把叉子丟在地上，照顧者無須動怒或處罰孩子，可面帶笑容、用溫和的語氣告訴孩子：「喔！你吃飽了，不想再吃了。」然後收起餐具、拿走食物。透過這個自然而合理的行為結果，讓孩子知道「丟叉子」是不被允許的事情。

六、協助孩子拿取湯匙進食

孩子能自如使用叉子取用塊狀食物後，可讓他練習使用湯匙舀取泥狀食物。

選擇合適的餐具

選用具有圓盾形匙面的不鏽鋼小湯匙。這種湯匙的匙面厚度適中，孩子比較容易從碗中舀起食物。另外，握把處可彎曲調整適合孩子握取的弧度，方便將食物送入口中，以減少掉落的機會。

協助的方法

照顧者從孩子的背後扶握住孩子的手腕和手掌，協助孩子平穩的將食物送入口中。經過幾次練習後，孩子就能自己練習使用湯匙，將食物送入口中。

雖然協助嬰兒進食的過程比餵食的方法繁瑣、複雜，但如果從促進孩子視覺、聽覺、味覺、嗅覺與觸覺發展，並幫助孩子獨立、自主與主動學習的人格特質來思考問題，相信父母一定能發現辛苦的付出會結出甜美的果實，因此，協助孩子進食的過程雖然很辛苦，卻是值得投入的。

重新認識一歲幼兒的特質

面對剛學會走路的孩子，

父母若能瞭解孩子的發展需求，

預備合宜的環境和引導方式，

就可以和孩子共享快樂時光。

淑玲原是朝九晚五的公務員，一年多前喜獲麟兒，有賴正值空巢期的鄰居李太太，幫忙照顧兒子，讓淑玲可以兼顧工作與家庭，更重要的是每天下班後就可以看到寶貝兒子凱凱，真是美好的安排。但是，近來李太太為了凱凱剛學會走路的種種調皮行徑，而數度提出轉換保母的要求。淑玲雖然想用加薪挽留李太太，但是李太太是因為無法招架凱凱的安全與行為問題，並非報酬的多寡，同時舉出數項凱凱無法被管控的行為：

1. 凱凱剛學會走路，因此不願意安分的待在嬰兒床內，甚至在大聲哭鬧並用力搖動嬰兒床的圍欄無效後，會試圖攀爬嬰兒床，真是太危險了！

2. 若將凱凱放到地板上，他不是往廚房衝，就是到浴室撈起馬桶水玩得不亦樂乎，實在防不勝防。

3. 凱凱的精力無窮，整天動個不停，常常翻箱倒櫃將抽屜內的物品散落滿地，而且動作迅速，令人措手不及。

4. 更令人擔心的是，凱凱常將小物件，如髮夾、硬幣等塞入沙發椅縫或插座洞孔中。

5. 凱凱有時還會撿拾地上的飯粒、豆子、小蟲等細小物品放到口中，衛生問題令人堪慮。

　　上述凱凱的種種行徑，讓淑玲聽得膽顫心驚，因此陷入辭掉工作或另覓保母的兩難困境中。

　　動作發展是嬰幼兒期一項相當重要的發展，更是聽、說、讀、寫、算等各項學習能力的基礎。現代父母雖然擁有高學歷，也知道必須提供嬰幼兒動作發展的機會。但是，普遍並不清楚如何預備環境或以何種教養態度，才能滿足嬰幼兒動作發展的需求；也不瞭解動作發展歷程中，嬰幼兒的行為特質和可能發生的現象。以下分項說明一～二歲（學步期後）嬰幼兒具有的敏感特質和行為特徵，並建議照顧者合宜的引導方式：

一、細微事物敏感期

　　孩子因著動作能力逐漸成熟，視野也不斷的擴增。此時，他們對環境中的細微事物有異於其他時期的敏感性，舉凡牆角的小蟲、地上的飯粒、沙發椅的細縫、插座的孔洞，都是孩子注意與探索的對象，並有樂此不疲的特性。常見家中的沙發椅，若不慎被尖銳物刺出小洞後，往往也會被孩子的手指頭搓出無法掩飾的大洞。倘若照顧者不察，恐怕會誤會孩子是「磨娘精」、「搗蛋一族」的成員。凱凱將小物件塞入洞孔或撿拾飯粒、豆子放到口中等行為，正是此項特質。

引導方式

　　照顧者宜善用此階段孩子的觀察力，引導幼兒進行觀察活動，同時滿足孩子投、丟、拉、壓的動作需求。例如：照顧者可除去柔濕巾罐的外包裝膜後，再示範如何將小木棒壓擠入罐中，或將小方巾摺疊後放入柔濕巾盒中，滿足孩子抽取小方巾的動作。另外，和孩子一起閱讀

圖畫書，並找出書中異同之處，不僅能發展孩子的觀察力，又能同時進行親子共讀，真是一舉兩得。例如：《十四隻老鼠搬家》繪本中，並沒有提到最小的老鼠尿床了，但是繪圖中卻呈現了這個畫面，照顧者可在講述故事的過程中詢問孩子：「最小的老鼠睡覺時發生了什麼事？」請孩子在圖畫中找找看。《誰吃掉了？》繪本則透過提問的方式，引導幼兒找尋圖畫中的圖案——如問孩子：「櫻桃被誰吃掉了？」孩子會看到書頁上出現兩隻大象，其中一隻的尾巴末端是一顆櫻桃。帶領孩子進行閱讀活動，不僅能回應嬰幼兒細微敏感性的特質，也能促進其觀察辨識能力、視知覺發展，更能陪伴孩子超越時空的限制，進入閱讀的領域。

孩子在進行手眼協調活動時，會出現反覆操作的特性，此時，照顧者不必操之過急，待其內在需求滿足後，自然會再選取其他物品操作。因此，照顧者需理解並接納孩子此項學習特性。其次，繪本主題的選取應多元化，也需配合孩子的興趣與性向，才能提升幼兒的學習樂趣。

無論是新手父母或頗有經驗的照顧者，對於一歲兒的印象皆為調皮、好動、難以掌控。但是動作、搬運物品、細微事物的敏感期正是造物者賜給嬰幼兒學習各項事物的最佳禮物，照顧者若能善用此項禮物，不僅能瞭解一、兩歲嬰幼兒的學習特質，並能以正確的方式順勢引導之，必能與孩子共同經歷一段美好的學習時光。

二、搬運物品敏感期

人類智慧的開端除了感覺動作期的感覺與知覺發展外，另一個就是雙手操作；談到雙手操作就必須從嬰幼兒對搬運物品的敏感性談起。當嬰幼兒具備全身協調的能力後，雙手也跟著展開更精確的活動能力。首先是對環境中大型物件有搬運的興趣，例如：推動茶几、搬動桌椅，而翻箱倒櫃、破壞環境的擺設，甚至透過不同方式玩弄物品的行為也屢見不鮮，例如：將抽屜的物品搬離原位、推倒花瓶、揉摔花朵等。凱凱翻箱倒櫃、到浴室撈馬桶水的行為，就是此項特質的最佳寫照。

引導方式

　　能將孩子的破壞力轉換為互動式的協助能力，才算是優質的引導方式。照顧者先將每日工作流程條列出來，再從中找出此階段孩子可以參與的活動，邀請孩子共同進行，例如：協助媽媽搬動洗衣籃到洗衣機前，再將衣物丟入洗衣機；接著，媽媽將洗好的衣物放入洗衣籃內，請孩子遞給媽媽晾曬。待衣物曬乾後，媽媽從衣架上取下衣服，請孩子放到摺疊處一起整理，然後再請孩子一一放到家中成員的衣物櫃中。

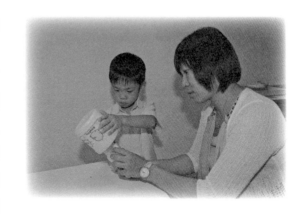

　　帶孩子一起上街購物時，也可以請孩子將選購好的物品放入購物籃中，並幫忙推購物車。回到家中，再請孩子把物品分別放進冰箱或櫃子裡。另外，也可以請孩子協助預備餐點或一起整理環境。

　　上述活動除了能滿足幼兒動手操作的需求、參與家事的成就感外，也能促進分類、序列、配對的能力，更能培養親子同心的情感。但是在互動的過程中，成人應儘量讓幼兒自己動手操作，不要過度干預孩子的行動，還要接納孩子動作能力尚不成熟而影響家事的進度。「不要過度干預」意謂在沒有危險性與傷害性的原則下，尊重孩子的活動方式，比如當孩子拒絕與媽媽一起提購物袋，而希望自己抱著走時，媽媽應先放手讓孩子試試看，不需要過度擔心物品的重量，待孩子體會物品的重量後，自然會做出減輕重量或與媽媽一起提購物袋的決定。當成人採用與幼兒互動的照顧模式時，就要有與先前生活方式完全不同的心態，接納孩子的節奏，並享受其中的樂趣。

三、動作敏感期

　　當嬰幼兒已有穩定的蹲站、行走與跑跳能力，接著，孩子將運用這些能力探索環境中的各項事物，也藉此發展出更精確的協調動作。倘若照顧者無法預備環境滿足孩子的活動需求，再則又以安全為由阻止孩子活動，孩子難免會產生脫序的行為。案例中凱凱攀爬嬰兒床的行為，就是缺乏適合的活動環境和錯誤的教養觀念所導致的結果。

引導方式

　　運用家中的家具組合成可活動的遊樂器材，再配合床單、枕頭等柔軟物，讓嬰幼兒在不同高度落差的空間中進行攀爬、鑽動、跳躍、翻滾、躺臥等活動。這些活動不僅能滿足嬰幼兒對環境探索的需求、發洩無窮的精力，也能促進神經統合的完整性，發展動作協調能力，更具有

知行合一、身心合一的效果。

　　此時，照顧者需注意安全性與活動量兩個問題。安全性並非只靠成人口頭的指引或呵護，而是在環境中預備安全的措施，例如：遊戲區鋪上至少兩公分厚度的安全軟墊、避免放置尖銳物品或家具等。至於活動量的要求，並非以成人為標準，而是以幼兒是否流汗或持續活動半小時為準則。

5 踏進語言的國度

每個階段都是語言發展關鍵期，

提供充滿語言的環境，

善用語言、動作、表情和孩子溝通，

您的孩子很快就能說話。

語涵自從喜獲寶貝女兒之後，就辭去高薪工作，專心在家照顧孩子的生活起居，深怕有任何的疏忽，造成無法彌補的遺憾。尤其看到鄰居李太太的孩子已經四歲了仍不會講話（到處尋訪名醫醫治，但是仍無起色），就產生莫名的恐懼，唯恐女兒將來也會發生相同的情形，於是不遺餘力的想要早日教會女兒講話。因此，自從坐完月子後，就不斷對女兒說話，但是女兒似乎不領情，只是不斷的哭鬧，令語涵相當苦惱，不知如何教孩子說話。

　　根據《國語辭典》解釋：「『語言』是指人類用嘴說出來的話，由語音、語彙和語法所組成，是表達情意、傳遞思想的重要工具。」語言的發展有其階段性與分期，照顧者必須掌握各分期的照顧重點，才不會操之過急而適得其反。

　　嬰兒自出生後，就自然而然的啟動並接收語言的機制，此機制讓嬰幼兒不管是哪一個國籍的人，長大後皆能說、聽生長地區的母語。這個歷程是如何發生的？嬰兒天生具有語言的敏感性，出生後就能聽出環境中語言的最小音素，即有意義的最小語言單位，而且隨著年齡的增長，以及口語能力的建立後，除非有特殊的訓練或興趣，否則會逐漸減弱其對音素的敏感性。

因此，常有區域性口音的存在，而且不易轉換，例如：臺灣國語。所以，若能善用嬰兒對語音的接受力，在敏感期給予語言的刺激，即能達到事半功倍的效果。

前語言期

　　嬰兒自初生至出現語言前，每個不同時期都有其不同的發音變化。此階段是人類共同的發音時期，不論是哪個種族的孩子或生長在任何地區的孩子，甚至未來沒有語言能力的特殊幼兒，都會經歷此時期。換言之，即使照顧者沒有給予嬰兒特別的語言刺激，成人仍然可以看到其前語言期的發展。前語言分期大約分為五個階段：

1. 哭泣反應（Reflexive crying）：初生～兩個月

　　發出的聲音有限，只有哭泣、打嗝、咳嗽等生理性的聲音。其哭泣聲會因身體狀況的需求差異而有不同的變化。

◆三個月的寶寶會發出「咕咕」的聲音。

2. 咕咕與笑（Cooing and Laughter）：二～五個月

　　發出咕咕的聲音，大都以 O 的母音為主，偶有 G 或 K 的子音出現。

3. 戲語音（Vocal play）：四～八個月

　　發展出完整的音節，也稍能控制自己所發出的聲音，並會將發音當作遊戲。

4. 呀語期（Reduplicated babbling）：六～十二個月

　　比起前期更能控制發音器官。最大特徵是出現以子－母音為主的重複音，例

如：bababa、dadada、nanana。

5. 呀語後期（Nonreduplicated babbling）：九～十八個月

此時期語音相當複雜，具韻律，好似說一種語言，卻令人聽不懂，並與後續的單詞期相當有重疊性。

小叮嚀

當嬰兒發出聲音時，照顧者應與嬰兒親密互動，並觀察嬰兒接收訊息後，是否主動樂意的使用動作、表情或語音進行回應，例如：彼此互視、伸吐舌頭等舉動。

語言發展的歷程與分期

1. 單詞期：一～一歲半

約一歲大的嬰兒，逐漸發展出照顧者甚至他人能聽得懂的語言。單詞期的發展特點是以單字代表一句話的語意，例如：說「媽媽」，表示「要求媽媽抱他」。另外，也會以動物獨特的叫聲作爲動物的名稱，例如：「喵～喵～」代表貓咪，「汪！汪！」代表小狗。

☞照顧重點

此階段要避免使用「兒語」與孩子溝通。另外，需鼓勵孩子重複發出語音，並增加其語彙。

2. 雙詞期：一歲半～兩歲

雙詞期的發展特點是以簡單的語詞代表一句話的語意，例如：「給妹妹」表示「請把玩具給我」。此時期字彙累積相當快速，尤其是名詞與動詞。

☞照顧重點

此階段除了增加孩子詞彙的數量外，也按部就班的說出語句的重點；不必刻意糾正孩子的語言，並且鼓勵孩子表達。

3. 簡單句：兩歲～兩歲半

此時期孩子的語氣模仿性相當強，會學習成人的語氣，使用各種語句表達自己的想法，例如：學習媽媽的語氣說：「妹妹會生氣喔！」

照顧重點

以語言和孩子溝通，多使用形容詞與副詞增加語句長度，並在日常生活用語與對話中適時加入量詞，讓孩子學習數量概念，例如：請拿一枝鉛筆給媽媽，請吃三顆小番茄。

4. 複雜句：兩歲半至三歲

幼兒語言能力的發展進入複雜句階段，已經奠定了良好的語言基礎，因而出現「好問時期」，幾乎到了無所不問、無事不好奇的情況。

照顧重點

成人應接納孩子的語言特色，滿足他的求知欲，儘量回答孩子提出的問題，並引導孩子探索周遭環境的人、時、事、地、物，增加其知識性語句，例如：「今天姑姑穿紅色的外套」、「太陽每天都從東邊升起」。其次，針對孩子有興趣的事物，進行深入性的討論與互動，例如：「你喜歡長頭髮或短頭髮的洋娃娃」→「你喜歡將長頭髮綁起來，還是夾起來呢？」、「洋娃娃要怎麼打扮才好看？」→「洋裝要配高跟鞋還是布鞋才好看？」引導孩子發展事物的邏輯概念，以及培養思考能力，是此時期的重點工作。

掌握語言發展關鍵期

語言不僅是人與人溝通的重要管道，更是嬰幼兒學習與認知的重要途徑。在孩子尚未有語言能力之前，應提供充滿語言的環境，並使用語言、動作、表情和孩子溝通。當孩子逐漸說出有意義的字音後，語言能力即開始快速的發展，此時每一個階段都是語言發展的重要關鍵，照顧者應該加以重視並盡力協助其發展，使孩子能順利的跨入語言的國度。

6 如廁練習

您家的兩歲兒開始如廁訓練了嗎？
在氣候溫暖的季節，
和孩子來一場如廁練習曲吧！

如華自從產下兒子後，不僅身體如釋重負，心中的大石頭也終於放下。雖然這是第一胎，公婆也沒有強烈表示要求媳婦一舉得男，但由於兒子是先生家族中第一個男孫，因此如華有著無法言喻的喜悅，坐月子期間也享受著被服侍的生活，真是令人羨慕！如華上班後，有婆婆照顧孩子，令她感到相當放心。尤其兒子滿月後，婆婆會固定在每天下午解開兒子的尿布，用「噓聲」引發兒子解大便。經過幾次訓練後，兒子都能在固定時間「解大便」，真是神奇！不僅省下一筆尿布費用，兒子在同事與親友之間也贏得「學習力特強」和「愛乾淨」的美名。可是最近如華從報章雜誌上看到專家建議最好的如廁練習時機是兩歲左右，令她感到相當困惑！

曾聽過許多有經驗的保母或照顧者談起自己訓練滿月嬰兒的「英勇事蹟」，因此，滿月嬰兒確實能接受此項訓練。但是這樣的方式是為了滿足成人的欲求，而且帶有掌控、破壞孩子獨立自主能力的後遺症，並不符合嬰幼兒發展的需求。從生理學的角度來看，嬰幼兒可自如控制大小便肌肉的成熟期大約接近兩歲；能主動表達如廁意願的語言能力在兩歲左右；知覺大小便的意識感和動作能力也是兩歲嬰幼兒的發展任務。由此可見，能訓練並不表示適合練習。

以下針對更換尿布和如廁訓練兩大議題，按序說明其內容與程序：

更換尿布

無論是父母、保母或是其他照顧者在幫孩子更換尿布時，必須以專注的神情、溝通的態度、等待孩子回應的耐心，與孩子一起完成更換尿布的程序。

1. 察覺孩子的需求

照顧者可以透過孩子的聲音、表情或味道，以及可預期的時間表察覺孩子的需要，協助孩子更換尿布。例如：孩子常因為使力解大便而使臉部脹紅，而餵奶後半小時也常是孩子小便的時間。

2. 面對面更換尿布

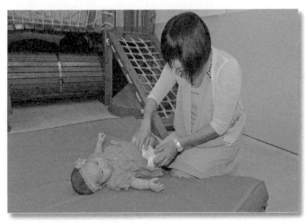

◆以面對面、全神貫注的互動模式，為孩子更換尿布。

照顧者觀察孩子的需求後，讓孩子與自己面對面（嬰兒可以看到的視線內），並以溫柔的眼神、專注的態度對孩子說：「寶寶大便了喔！」等待孩子用聲音、表情或注視的眼神回應你的話語後，接著說：「媽媽要幫你換尿布了。」再次等待孩子的回應後，按部就班完成更換尿布的程序。在更換的過程中，向孩子說明每個細節、等待回應，並全神貫注的完成整個過程。

3. 學習溝通與合作

待孩子逐漸熟悉更換尿布的模式後，照顧者更能享受孩子回應的樂趣時，也要逐漸讓孩子學習合力更換尿布，並在過程中產生更多溝通與合作的互動模式。例如：約七、八個月大的嬰兒，可以用腰力挺起臀部，以便照顧者能將尿布抽離，並放置乾淨的尿布。

4. 養成衛生好習慣

當孩子已經有站立、走動的能力後，也可以讓孩子以站立的方式更換尿布。除了讓孩子學習自行撕開尿布的黏貼條外，還要安排在固定區域更換，並且鋪上吸水紙墊或毛巾布，以避免孩子養成隨意脫換尿布的習慣，同時防止更換過程中，孩子不經意的將大小便弄髒了地面。

當孩子有取拿物品與步行的能力時，可以在更換尿布前請孩子自行取拿尿布到更換區，等待照顧者協助更換，也可以邀請孩子將換下的尿布拿到垃圾桶丟棄，並到洗手臺練習洗手。

如廁訓練

照顧者如果察覺將近兩歲的幼兒對於大小便已經有明顯的知覺能力，或者已能使用語言、表情或是手勢與成人溝通時，又逢春夏溫暖的季節，即可按著下述程序展開如廁訓練：

1. 預告時間

向孩子預告「脫掉尿布改穿小褲子，並使用馬桶如廁」的時間，例如：在兩歲生日以後或是下星期一等。

2. 觀察如廁動作

預告後，開始讓孩子觀看同性別的成人或同儕如廁的情形。此項動作僅止於觀看，尚不需要求孩子如法炮製。觀看的時間約三～七天，其目的是讓孩子熟悉如廁的動作與步驟。若孩子不排斥試坐馬桶，則可邀請孩子試坐一下，重點是不必勉強。

3. 如廁時間

待約定的時間一到，以輕鬆、愉悅的神情告訴孩子：「寶寶長大了，媽媽幫你把尿布脫掉，改穿小褲褲了。」然後帶孩子練習坐馬桶，並再次預告「寶寶想尿尿，就到馬桶尿尿」。

接著，讓孩子喝大量的水、果汁、牛奶、湯汁等液體，約半小時後，邀請孩子到馬桶如廁。若孩子沒有尿意也不必勉強，可請孩子在馬桶上唱一首歌或聽完一個小故事再離開。因為唱歌與聽故事都可讓孩子放輕鬆並維持如廁的姿勢，比較容易達到在馬桶如廁的目的。

4. 如廁後的處理

如果孩子已逐漸習慣使用馬桶如廁，照顧者也可將穿脫褲子的工作交還孩子。引導孩子感覺自己如廁的需求後，能主動走到廁所脫下褲子使用馬桶如廁，並完成整理衣物的工作。這段如廁練習歷程需要時間的累積與練習，建議照顧者為孩子準備棉質的小短褲。

當孩子三歲半後，已具有相當程度的手眼協調能力時，可逐漸引導孩子學習如廁後擦拭屁股的清潔工作。從協助孩子處理，再慢慢放手，要求孩子自行擦拭後請照顧者進行檢查，最後讓孩子養成獨立、自主的能力。

 小叮嚀

1. 如廁訓練的過程，最常見的問題是孩子坐在馬桶尿不出來，一起身即將尿液灑落到地上。照顧者看見這種情形不必生氣，也不要灰心，這是每個學習如廁的孩子必經過程，只要用接納與包容陪伴孩子走過練習的歷程，就會看到學習的成果。

2. 照顧者除了做好保育工作外，也能透過如廁練習的歷程提升孩子認知、語言、動作、人格各方面的發展，並增進良好的親子互動。聰明又珍愛孩子的父母們，何樂而不為呢？

7 吃青菜有妙招

改變食物的製作方式，
藉由各種學習管道傳達蔬菜的優點，
再配合幼兒動手操作的活動，
必能增強孩子食用蔬菜的意願。

佳佳是一位活潑、可愛的兩歲半小女生，深得長輩、親友的寵愛，讓明莉夫妻深深沈浸在有女萬事足的光環中。最近孩子的主要照顧者姨婆反應，佳佳對青菜的排斥程度越來越高，甚至看到碗中有綠色的葉菜或紅蘿蔔等蔬菜就馬上搖頭拒絕用餐。如果姨婆堅持餵食，她會動手將青菜挑出再吃，姨婆雖然生氣卻也擔心孩子營養不均衡；一方面向媽媽抱怨：「沒見過這麼固執難處理的孩子」，一方面持續準備孩子喜歡吃的魚、肉、蛋、奶類等食物讓孩子吃；至於青菜類的部分就請媽媽自己多費心處理了！明莉在家中嘗試餵孩子吃青菜，夫妻倆用盡各種辦法，甚至採取威脅利誘的手段都沒有明顯的成效，真是讓人束手無策。

飲食習慣的養成，就如同人格的培育一樣，必須從嬰兒期建立良好的習慣。尤其斷奶期和添加副食品的階段，就是促進其味覺與嗅覺接受各種不同食物的最佳時機。若錯過了這個時期，後續則必須利用各種引導的技巧來改變孩子的飲食習慣！

下列以智寶園托兒所實施「飲食營養與衛生」計畫榮獲衛生局評選為特優之成果為例，和父母、老師分享協助孩子吃蔬菜的有效策略。

一、照顧者必須具備準備餐點的小知識與技巧

1. 化整為零法

將青菜切碎加入孩子喜愛的食物中。例如：番茄細丁炒蛋、肉絲炒飯中加入洋蔥細末、韭菜末煎蛋等。

2. 掩飾法

把青菜隱藏在其他食物中。例如：鮮肉餛飩中混合切碎的小白菜、高麗菜水餃中隱藏紅蘿蔔細絲、丸子中添加蔬菜末等。

3. 搭配法

使用孩子喜愛的味道，蓋過其他食材味道。例如：南瓜奶油濃湯、花生醬生菜三明治、焗烤地瓜或蔬菜。

二、透過不同管道提升孩子食用蔬菜的意願

1. 影片賞析

透過影片內容呈現食物的重要性。例如：《珍惜食物和水》一片真實呈現非洲小孩因缺乏食物與乾淨的水源，導致身型骨瘦如材，身體嚴重缺乏營養。孩子觀賞後同情之心油然而生，相對在日常生活上也會增加食用各種蔬菜的意願。

2. 繪本故事

講述與吃青菜相關的故事，引發幼兒對蔬菜的興趣。例如：《愛吃青菜的鱷魚》、《好想吃榴槤》（信誼）、《我絕對絕對不吃番茄》、《蠶豆哥哥和豇豆兄弟》、《蠶豆哥哥的床》

（經典傳訊）、《小布種豆子》（企鵝）、《地面和地底》（天下雜誌）、《十四隻老鼠挖山芋》（英文漢聲）、《胡蘿蔔種子》（上誼）、《小亞的菜園》、《菜園是花田》、《蔬菜印章》（小書蟲童書坊）、《紅蘿蔔奧圖》（大好書屋）、《上面和下面》（三之三文化）、《臺灣好蔬菜》（天下文化）、《拔呀！拔呀！拔蘿蔔》（小天下）、《南瓜湯》（和英）。甚至透過擬人化的方式讓孩子接受食物。例如：將青菜小汽車（一小匙青菜）開進大嘴巴裡面。

3. 戲劇活動

　　戲劇帶有聲音、影像與畫面，深受幼兒喜愛。照顧者將想要教導的概念，經由戲劇表演的方式傳達，發揮寓教於樂的效果。例如：「快樂大嘴巴」就是描述一位挑食的瘦巴巴少爺，因為偏好肉類及油炸物，拒絕青菜，導致生病緊急送醫治療。自從接受均衡飲食後就有強壯的身體，並且結交到好朋友的故事。

三、讓孩子動手操作，也是促進孩子接受青菜的好方法

你可以這樣做 1：自製披薩

材　　料

　　全麥土司一片、起司絲或起司片、洋蔥炒雞丁或肉絲、青椒圈、紅蘿蔔絲、燙熟花枝圈、熟蝦仁皆適量。番茄醬一碟、奶油抹刀一支。

操作流程

1. 取出一片土司，放置烤盤裡面。

2. 使用抹刀在土司上塗上一層番茄醬。

3. 放入準備的各種材料。

4. 在材料上覆蓋一層厚厚的起司絲或一片起司片。

5. 送入烤箱烘烤，直到香味四溢。

6. 取出自製披薩分切食用。

 **你可以這樣做 2：小黃瓜沙拉**

材　　料

托盤一只、容器一個、安全切刀一支（圓形頭、鋸齒刀狀）、牙籤數支、薄砧板一片、一小碟花生醬或沙拉醬。

操作流程

1. 將所有物品按序排放托盤內。

2. 端出工作盤放置桌面。

3. 取出小黃瓜放置砧板上。

4. 一手握住小黃瓜一端，同時使用切刀將小黃瓜切成塊狀。

5. 使用牙籤將小黃瓜叉取放進容器中。

6. 再沾取花生醬或沙拉醬食用。

你可以這樣做 3：自製丸子

材　料

魚漿一斤、洋蔥半顆切成細末、豌豆仁或芹菜末半碗、紅蘿蔔細丁四分之一碗。

操作流程

1. 將上述材料混合均勻。

2. 燒一鍋開水。

3. 左手抓起一把魚漿，抓握數下後，從虎口擠出一丸魚漿。

4. 右手使用湯匙將丸子刮下放入滾水中。

5. 待丸子浮起來，就可以撈起食用。

小叮嚀

此項工作雖然難度稍高，但深具趣味性，很受孩子喜愛；活動過程需家長全程陪伴。

面對拒絕食用蔬菜的孩子，除了改變食物的製作方式，另外使用各種學習管道、傳達食用蔬菜的優點以及樂趣，再配合讓幼兒動手操作的活動，必能大大促進孩子食用蔬菜的意願，同時促進親子互動關係，聰明的父母們何樂而不為呢？

認識觸覺系統

協助孩子發展良好的觸覺功能，
讓孩子有充分的安全感和信心探索環境，
並與他人發展良性的社會互動。

小剛是一位強壯、俊美的三歲半小男孩。爸爸、媽媽中年得子，相當不易，讓他們感到欣慰的是孩子既健康活潑又能言善道，每天下班看到寶貝兒子就覺得一天的辛苦都是值得的。尤其每次到醫院打預防針，小剛勇敢、堅毅的表現都讓護士阿姨稱讚有加，也肯定爸爸媽媽一定給小剛充分的愛，他才會有十足的安全感不怕打針，讓夫妻倆更肯定自己的教養觀。但是當小剛進入園所之後，常與同學發生肢體衝突。班級老師發現衝突經常發生在同學與小剛身體靠近的時候，因而質疑這些現象是觸覺問題所引起的，並建議媽媽讓小剛進行感覺統合的檢測。可是媽媽認為此現象歸因於「小剛昨天沒睡好」、「感冒的前兆」、「家長對常規的堅持度」等問題而引起情緒問題，但是令人不解的是，一個生長在愛的環境中的孩子，怎麼會有這麼大的情緒問題呢？

觸覺系統與各項發展息息相關

1. 身體知覺發展及計畫動作能力

嬰幼兒生長在充分感覺刺激的環境中，透過觸覺系統取得完整的資訊並產生感覺回饋，

逐漸認識自己肢體存在的方向、位置等感覺
後，進一步學習操控物體並認識物體形狀、
大小等概念，最後發展出成熟的動作計畫能
力。例如：手部肌肉掌握剪刀時，感覺出剪
刀的形狀以及材質，再練習開剪的動作能
力，最後能自如的運用剪刀剪出想要的形
狀。假如在接觸剪刀的初期無法明確感受剪
刀的形狀與質地，就不容易進一步操作開合
的動作，更無法完成後續有序性的工作。

2. 視知覺

　　視覺能看到物體的形狀、大小、長短、顏色等內容，倘若再加
上觸覺系統提供實體感覺，將透過多重感覺完整的解讀認知訊息。
例如：認識正方形與立方體的差異，除了眼睛看見形狀外，還要配
合雙手觸摸正方形與立方體的邊長、角度以及形體感覺後，方能明
確的分辨出正方形與立方體的差異。

3. 情緒及心理社會化發展

　　觸覺刺激是新生嬰兒穩定情緒的最主要來源之一。尤其母親與嬰兒之間具有舒服感覺的觸
覺接觸，除了刺激大腦發展外，還成為嬰兒對母親產生依附情緒的要件以及發展人際關係的第
一步。例如：當嬰兒哭鬧不休，排除了肚子餓、尿布濕、溫度、聲音等外在因素後，輕柔的搖
晃常能逐漸穩定孩子的情緒，甚至帶領孩子進入夢鄉。嬰幼兒與母親接觸後產生的正向情緒，
讓他們有充分的安全感與信心探索外界環境，並與其他人接觸，發展良性的社會互動。

認識觸覺系統

每當孩子有行為問題時，「疼惜孩子」的家長通常會從環境、成人的態度、身體狀況等外顯的因素，解讀孩子犯錯的理由，往往忽略行為背後真正的內在問題，久而久之反而讓孩子無法認清真相，受到溺愛之害。

欲瞭解上述問題的癥結，首先我們需要認識觸覺系統的意義與發展。觸覺指的是個體利用身體皮膚的神經細胞接收外界的刺激，舉凡溫度、濕度、壓力、痛癢、輕重及物體的質感等，使個體清楚知道自己處在什麼樣的環境中。

觸覺系統是發展最早、最基本、影響力最大的系統之一，從胎兒時期即開始發展，對於嬰兒具有保護生命及生存的意義。例如：嬰兒的嘴巴具有尋覓母親乳頭的反射動作；將物體放入嬰兒手中，他的小手會出現自然的抓握動作；當手帕或被子蓋到嬰幼兒臉部時，孩子會有轉頭或試圖抓開的反應；感覺尿布濕了、髒了，不舒服的感覺；照顧者擁抱、親吻嬰幼兒時，孩子感到舒服、愉悅的感覺等，都是透過觸覺接收外界的刺激而產生的反應。

此時嬰兒雖然知道自己被碰觸了，但是並不知道觸覺刺激的位置，也還不能明確分辨其性質。隨著身體的成長、大腦分化與成熟後，加上觸覺經驗的累積，逐漸能夠清楚地指出被碰觸的位置，對觸覺刺激才發展出主動、有意義、有目的反應。

不可忽略的「觸覺防禦現象」

「觸覺防禦現象」是由於觸覺系統發展不成熟，對外界刺激的辨別力不足或混亂所引起的防禦現象。除了對於觸覺刺激過度敏感外，對其他的刺激也可能發生反應過度的情形。例如：別人不小心碰觸到他的衣服或身體，都會使他感到不舒服，沒有安全感，情緒自然產生不穩定的現象。特別值得注意的是，有觸覺防禦現象的幼兒若同時擁有良好的語言能力時，通常對於同學輕微的碰觸容易解讀成「同學打他」、「故意推他」、「有意欺負他」、「故意冒犯他」或是其他令人足以採信的理由。另外對自己因受到觸覺侵犯，而無法控制的動作或反擊的理由通常是：「因為同學不乖，所以我打他。」、「他們都不遵守秩序，我要告訴他，只是力氣不小心太大了！」或是「我不是故意的，下次我會小心」，但是通常下次仍無法「注意」控制力量。這些說法常讓父母親信以為真，而忽略事情的本質，也誤以為孩子在學校受到委屈。

幼兒行為的背後往往夾雜著生理現象，父母親若能認識觸覺系統對嬰幼兒發展的關係與影響，也能用理性的心態面對孩子的特質，並尋求專家的協助，採取「對症下藥」的措施，這樣一來，必定能成為「會愛」也「會教」的優質父母。

9 專注力的養成

專注力是學習的利器，
具備良好的專注力，
就等於擁有知識海洋的通行證，
能夠自如的遨遊其中。

子晴身為國中教師，為了能專職照顧第一個孩子，申請育嬰假及侍親假，專心在家養育寶貝兒子。她從小生長在家教嚴謹的家庭，受到許多束縛與要求，一心希望孩子能受到民主方式的對待，擁有自由自在的生活，因此相當接納孩子的各種行為表現。子晴再過幾個月必須回到工作崗位，最近想讓三歲大的兒子進入園所就讀，在積極尋覓園所的過程發現，園內的孩子都能乖乖坐下來上課，也能安靜聆聽老師說話。反觀自己的孩子每天在家中跑來跑去，不像園內的孩子一樣聽話，擔心孩子入園後會有注意力不集中的問題，於是很想利用這段時間培養孩子專注的習慣。

資訊化的時代來臨後，人類接受訊息不僅愈快速也愈多元；然而不論知識的豐富性如何提升，專注力仍是學習的利器。幼兒擁有良好的專注力，就等於有了知識海洋的通行證，能自如的遨遊其中。專注力習慣的養成除了生理特質與先天氣質外，環境與教養態度也是左右專注品質的重要因素。下述內容將引導照顧者於居家環境中逐步培養

幼兒的專注能力。

一、發展適齡的動作能力

　　動作發展是出生至三歲嬰幼兒最明顯的行為特徵，亦代表此階段孩子認知能力的展現。無論是粗大動作或精細動作，其協調性與技巧性的發展亦關係著孩子專注能力的品質。成人在要求孩子專注時間長短的同時，絕對不能忽略動作能力的角色。照顧者提供足夠的空間和支持的教養態度，發展出生至三歲嬰幼兒的翻身、爬行、站立、行走，以及跑跳的動作。其次引導三至六歲幼兒練習跳繩、拍球、丟接球的協調能力，甚至培養溜冰、游泳、舞蹈等動作技巧。

二、培養規律作息的習慣

　　幼兒時期是習慣養成的重要時期。所謂規律作息並非遵從幾點鐘必須做什麼的規定，而是依循事情的順序性行事。例如；起床刷牙、洗臉，吃過早餐後，先閱讀一本故事書，接著和媽媽一起晾好衣服，再走路到市場買菜。中午吃完飯後，可以先玩玩具再去睡午覺等。規律性的作息除有預告的功能外，也讓幼兒對每天固定的活動有所瞭解與遵從的方向，並能減少等待與摸索的時間，自然而然產生基礎性的專注能力。另外，成人儘量不要擅自改變既定的流程，假如必須更動時，請事先與幼兒討論或預告，讓幼兒事先知道改變的原因與更動後的流程。

三、養成自己動手的行動力

　　古人云：「知行合一」，其所強調的重點就是：身體的行動力正是傳達大腦認知成果的

最佳途徑。一個人若「光說不練」、會說不會做，必然產生眼高手低的困境。尤其四、五歲的幼兒有流暢的表達能力，當遇到無法完成的事情時，常以沒興趣、不喜歡為藉口推諉或顧左右言他，造成不專心的假象。例如：當孩子無法順利使用剪刀進行美勞活動時，會以「美勞不好玩，我不喜歡剪紙」為藉口，並採取轉移目標的方式，吆喝同學：「我們去玩扮家家酒吧！」由此可見，讓幼兒養成事事「能言亦能行」是相當重要的教養態度。何況活動過程正是促進幼兒感覺整合能力，達到強化神經系統、提升專注能力的最佳途徑。

四、勿打斷幼兒專注性活動

　　當父母看到幼兒有好的行為表現時，總會忍不住使用語言或動作稱讚孩子，甚至以高八度的音調或又摟又抱的行為，極力讚揚孩子。適當的讚美對幼兒而言是一種鼓勵，但是不合時宜的讚美就變成干擾幼兒的行為。尤其當幼兒專注於拼圖、堆疊積木、排列玩具等活動時，照顧者要克制自己想協助或教導的慾望，待幼兒完成工作後、發出求助的訊息或預備放棄活動時再介入，才不至於打斷孩子的專注行為。例如：孩子堆疊積木因為不對稱或大小、形狀高低錯放的問題，造成城堡倒塌。在孩子尚未請求協助前，請照顧者讓孩子自己練習各種可行的方法。待孩子出現不耐煩，準備結束活動或表達：「我不要玩了！」此時照顧者再介入告訴孩子：「換媽媽試試看喔！」

◆ 不要以協助的舉動，打斷孩子的專注性活動。

五、漸進方式培養閱讀能力

　　爲人父母者常遇到專注力的問題是孩子看電視、打電動玩具相當專心，但是看書時卻沒有相等的專注力，令人相當頭痛。其實這樣的現象普遍存在於從小即接觸過多聲光、影像刺激的孩子。若照顧者期待使用文字取代有趣的聲光刺激物成爲學習的途徑，當然也會造成幼兒不專心的原因。可行的方法是，透過父母的陪伴、溫情的召喚，讓孩子先從閱讀圖像開始，並進行說故事活動，逐漸進行互動式的討論，再進入

閱讀文字的世界，終能啓動幼兒內在心靈活動，培養專注的習慣。唯在過程中需考量孩子年齡因素與時間的關係，建議學齡前幼兒可由三、五分鐘延長至半小時以上的專注時間。

 小叮嚀

雖然專注力是抽象的行為，卻能經由規律的作息、鼓勵動手操作、正確的教養觀以及培養閱讀力，達到提升專注能力的目的。

10 入小學前必備的基本學習能力

提升孩子感覺動作能力、視知覺統合能力、
聽知覺記憶廣度等三大基本學習能力,
能有效改善兒童表現行為。

寶華對孩子的教育理念,長期以來皆採取開放的態度,亦秉持學齡前不需要太多填鴨的內容。至於學什麼呢?那是入學後才需要及關心的議題。前一陣子從電視新聞中看到民間補習班舉辦幼兒入學前測驗,據聞其結果可確保幼兒入學後學習順利。看到這個情形,寶華不免開始擔心,孩子目前在幼兒園並沒有特別學習「說、寫、讀、算」等內容;而且直到目前為止,孩子對閱讀和學習並沒有太大的興趣。今年九月進入小學就讀是否能適應小學生活?是否具有良好的學習能力呢?是否要給孩子特別的鼓勵,增強其學習的信心呢?

長久以來,心理學一直導引著我們,使得我們只從心理學的角度來判斷孩子的行為能力,將說、讀、寫、算、行為等不佳的情形,完全歸咎於不專心、不用功、粗心、沒有興趣等因素。事實上,如果我們能從人類的基本功能來衡量兒童學習能力的程度與行為,再輔以心理學的角度,不但能有效改善兒童的能力,而且對兒童所表現的種種行為,必能給予更大的發展學

習空間與諒解。

　　何謂基本學習能力呢？簡言之，即是什麼樣的能力表現出什麼程度的行為。兒童的大腦功能是逐漸長成的，而其智慧的發展又與大腦功能有密切的關係，當外界環境遇到刺激，便會經由感覺器官接收，然後輸入大腦，再加以分辨、整理、儲存，以供身體各部位的充分利用。因此，這些感覺器官變成了學習的管道，也就是人類學習所需具備的基本能力。

感覺動作能力

　　著名的兒童心理學家及教育家皮亞傑（Piaget）認為：智慧的根源來自幼兒期的感覺及運動發展。也就是說，一個人如果能在環境中接受大量的感覺刺激，其腦部功能就能獲得更充分的發展。感覺動作能力與人類智慧發展的關係，依其不同層次可分為八種能力：

1. 鬆懈

　　這是感覺動作能力的基礎，任何個體如果肌肉無法達到鬆懈的程度，則其他能力必然無法發展。

2. 肌力

　　身體達到鬆懈後，接下來就是肌力。有了肌力之後才能舉手、走動、握筆、取物等，可從身體的頸、手、腰、腳各部位來說明：

(1) 頸：頸部若無力，則會出現垂頭喪氣的情形，間接影響到視覺。

(2) 手：手若無力，則無法擺動、提物等。

(3) 腰：有了腰力，才能支撐上半身與下半身的平衡。

(4) 腳：腳是支撐整個身體的重要部位，若腳力不佳，則會影響全身的發展。

3.方向與平衡

有了鬆懈和肌力之後，才有能力達到平衡與方向。

4.協調

動作協調，才能做好每件事，例如：前滾翻、拍球、跳繩等，都是需要協調能力才能做到的。

5.速度

所謂速度，即是動作可快可慢、能夠達到自我控制的程度。

6.韻律

動作有了韻律感之後，才能有節奏，這與日後孩子的說話、聲調有關。

7.變化

這是感覺動作能力的最高層次表現，例如：打網球便是變化的運用。想要擁有變化的能力，必須具備前七項能力，而且必須發展得相當不錯之後方能達到。

視知覺統合能力

視知覺統合能力並非一般所說的有沒有看見、近視或者是遠視等視覺上的問題，而是指眼睛對於線條、角度、圓形等判斷、記憶、辨識是否能夠統合的能力。倘若視知覺統合能力不佳，或者是沒有達到同年齡兒童所應有的能力，那麼將會出現對線條、圖形、文字等無法辨認、記憶的問題。

聽知覺記憶廣度

所謂聽知覺記憶廣度即是，孩子一次說話中句長有多少字、可記憶多少字。兒童的語言能力發展，首先需經由聽→仿說→表達→語言，由此可知聽覺記憶廣度是語言發展的重要基礎；如果兒童沒有同齡孩子應有的聽覺記憶廣度，則無法聽進應有的句子長度，也就會造成聽話時一知半解，進而影響表達能力。

提升基本學習能力

　　倘若兒童所需具備的三大學習基本能力沒有得到充分、適當的發展，而導致學習出現障礙時，稱為學習障礙兒童。以下簡述提升三大基本能力的方法：

1. **感覺動作能力不佳的特徵**

   (1) 執筆姿勢怪異、用力太輕或太重、字寫得太小或超出格子外。

   (2) 走或跑的姿勢不良、動作不協調。

   (3) 對方向（左、右）常無法肯定。

   (4) 運動技巧差。

   (5) 常打翻東西、損毀衣物或作業簿。

   (6) 精力不足、不愛與人做任何方式的接觸。

   (7) 歌唱音調和節奏不正確，語言的發聲、速度、輕重與常人有異。

   ☛提升感覺動作能力的方法

   溜滑板、單槓、大象走路、手繞環、青蛙跳、蹲跳、走路、平衡木、單腳立、前滾翻、側滾翻、跳繩、拍球、手接球等訓練。

2. **視知覺統合能力不佳的特徵**

   (1) 寫字常缺一筆、多一劃、部首張冠李戴，甚至對文字毫無記憶。

   (2) 寫作業時間拖太久。

   (3) 不善勞作、美術。

   (4) 常忘記計算過程中的進位與借位。

   (5) 以手指協助、指示文字方向或逐字閱讀。

(6) 閱讀時遺漏文字、增字、前後字念顛倒、忽略句逗，朗讀時速度急促或太緩慢、停頓
次數太多。

☛提升視知覺統合能力的方法

塗鴉著色（訓練對圖形線條的方向判斷）、點連線、剪紙、仿畫、請你這樣跟我畫（訓練
辨識能力）、朗讀訓練等。

3. **聽知覺記憶廣度不佳的特徵**

(1) 注意力不集中、不專心、好動、坐不住。

(2) 語言發展遲緩、語言表達能力似幼兒。

(3) 說話、作文沒有組織能力。

(4) 不懂遊戲規則、同學不愛和他遊戲、喜歡與年幼者玩耍。

(5) 說謊或不善於表達自己的意見。

(6) 朗讀尚佳，但對內容一知半解、不知所云。

(7) 畏縮不前，社交能力低落。

☛提升聽知覺記憶廣度的方法

仿說、看圖說故事、造詞、造句、閱讀測驗、作文等由淺至深的方法。

經過了上述的分析，也許你已經恍然大悟，徹悟於自己從來沒有以這樣的角度去瞭解孩子
的行為能力。那麼，就讓我們從此刻起，共同來建立一個理念：對孩子的瞭解，不應只從心理
學或感覺統合的角度去探索；環境、食物、營養、健康、學習能力等，都會影響兒童的行為與
學習。尤其學習能力的優劣，與兒童的學習息息相關。

11 誰說不打不成器

當孩子打人時，先想一想原因是什麼？
是孩子的生理需求、語言表達能力，
還是成人的教養態度所致？

波波是一位可愛的四歲小男孩，自小在父母保護的羽翼下成長。父母皆是高知識分子，雖然疼愛自己的孩子，也會教導孩子遵守幼兒園的規範，並期待他能與同儕和睦相處。波波很喜歡奶奶帶他到附近的社區公園玩。前一陣子奶奶出國旅遊，換成媽媽帶他去公園。當日他們正準備溜滑梯時，忽然聽到公園裡的小朋友大叫：「打人的小孩來了，我們不要和他玩！」此時媽媽尷尬極了，恨不得找個地洞鑽進去。回過神後隨即將兒子帶離現場。一回到家中，即將滿腹委屈與怒氣一股腦兒全倒給先生，害先生差點招架不住！波波媽媽想，平常該教導、該提醒的規矩，皆常常對孩子耳提面命，哪樣內容有錯誤呢？寶貝兒子竟然被公園的孩子們貼上標籤而且產生排斥的行為，令人情何以堪呢？到底問題出在哪裡？又當如何處理呢？

生理需求

找出問題、對症下藥

當一位孩子的觸覺神經系統因先天或後天問題而產生「觸覺防禦」現象，會導致孩子對於周遭環境或是與他人互動過程容易產生過度敏感或排斥的的情形。例如：不喜歡理髮、洗頭、

洗臉，也常拒絕他人的擁抱或過於接近的接觸，甚至在略顯擁擠的空間即感到不舒服，因而常會以反射性的動作傷害他人，也讓照顧者在教養上頗費心力。

　　調整此類型幼兒的方式必須由生理的角度著手，除加強其觸覺功能外，再配合刺激其前庭感覺以及本體感覺神經系統，才能有效解決孩子無法控制自己行為的問題。例如：使用觸覺按摩器（刷刷樂）由輕而重、由外而內、上下按摩肢體；使用洗澡巾配合音樂進行乾洗身體嚕啦啦活動；在不同粗糙程度地面上進行向前翻滾活動；以坐姿或站姿擺動鞦韆；趴臥擺盪搖擺木馬等活動。

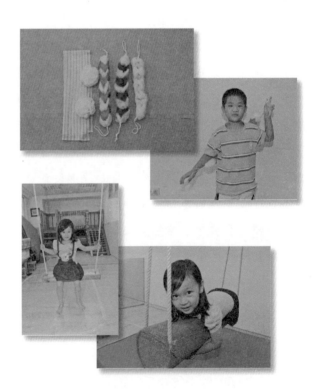

溺愛後遺症

調整心態、重新出發

　　孩子是家中備受寵愛的獨生子女（請特別注意，如果家中兩名孩子年齡差距十歲以上，則父母對年幼子女的教養態度也常見以獨生子女方式視之），則其適應學校生活的困難性與同儕產生衝突的比率，將高於家中有手足或玩伴的孩子。建議此類型幼兒的父母，平常生活中應與孩子建立對等關係，以取代溺愛或過度呵護的教養態度。例如：家庭遇節慶時，購買平時捨不得購買的水果（雪梨）食用，原本應將珍貴的雪梨分切成三份；但是因為孩子愛吃此項水果，媽媽便切下一半給孩子，自己與先生分取四分之一。孩子吃完自己的份量後覺得意猶未盡，母親又將自己的份量全部給孩子，父親看見孩子吃得津津有味，也把自己的那一份讓給孩子吃。雖經幾番轉折，但是孩子畢竟獨自吃掉名貴的雪梨了！就食物營養的層面而言，孩子正在成長過程，承受父母「讓食的愛」，原無可厚非；但若就心理層面，長久以往，孩子無形中接收到以他為重心之訊息，而且將誤以為只要自己喜歡的事物，別人皆可自然奉送。如果將這樣的心態帶入團體中，與他人爭執或適應團體的問題必然存在。因此，父母若不能要求孩子做到長幼有序的「輩分倫理」規範，至少應該採取「平等教養」的態度教導幼兒基礎禮儀。

教導表達

幼兒的「知道」總是早於「做得到」

　　年紀愈小的孩子，語言表達問題常是打人的主因。人際互動首重以語言表達進行溝通與解決問題，此項能力的建立需要經過學習與練習的過程。反觀使用肢體反應感覺，卻是一種不必經過學習的本能行為。幼兒尚不能於生活中使用語言自如表達需求前，他的溝通管道大都以肢體動作、表情為主；因此協助嬰幼兒如何於生活中使用語言表達，也是杜絕動手打人行為的重要課題。例如：「請問我可不可以一起玩？」、「借我玩好嗎？」、「請還給我！」、「這是我的玩具！」、「我要自己玩！」。照顧者常誤以為教孩子表達就是告訴孩子「不可以打人」、「打人是不對的，會被警察抓走！」、「下次要用說的！」、「拿別人東西要用借的」等等。孩子學習使用語言表達，除了時常聽到明確的語句外，會在適當場合使用正確語句，才能達到表達和溝通的目的。照顧者協助孩子在「事發現場」實際練習，才是最重要的課題，也才能達到教導的效果。

行為規範

承擔自然而合理的行為結果

　　當孩子與他人產生爭執或衝突時，照顧者讓幼兒各自表達其過程與需求後，接續要以「溫和的語氣、堅持的態度」，要求孩子負起必須承受

52

的責任，並為其後果負責。例如：孩子將同伴推倒，除了將對方扶起來，也必須協助處理衍生的問題，例如：冰敷、擦藥或送醫，甚至還要有探望的義務；並且事後要向對方和家長鄭重其事的道歉。此程序與一般過程相異的地方，在於孩子需要對「動手」的結果負完全責任，而不是說一聲「對不起」即交差了事；兩者之間的意義截然不同，幼兒對事件的體會與感受也必然大大不同。

小叮嚀

針對幼兒打人行為之調整，如同醫生開出藥單前需先確定病因，再加以調配藥物比例。如果生理問題是打人的主要原因，就必須將大部分教導的時間，運用於進行感覺統合活動，其次配合規範行為與練習表達需求，並調整教養態度。如果溺愛問題是主因，當然要將教養態度視為主要調整的方向並注意行為規範，才能達到藥到病除的最佳效果。

12 感覺統合從「動」開始

引導孩子「動」，讓感覺更統合。

照顧者應多利用室內、戶外空間和器材

進行各種活動，

感覺統合的過程是人類學習、認知的起點。

「耳聰目明、循規蹈矩、知書達禮」是每一位父母對兒女的期待，但是如何執行才能夢想成真呢？首先，必須對幼兒發展的內涵有初步的認識，尤其是動作發展的歷程。

令人遺憾的是，父母雖然知道動作發展的重要性，但是因為過度溺愛孩子，使其教養態度往往與目標背道而馳。例如：當孩子成長至翻身、爬行、學步時期，應給予充分空間（可反覆練習技能的空間）與時間（正常餵食、換尿布、洗澡等日常生活以外的清醒時間）。促進動作發展時，常見到父母因為衛生清潔的因素而捨不得讓孩子活動，使得孩子的生活空間被局限在嬰兒床、娃娃車或被成人抱在身上。雖然如此，孩子仍然能發展出翻身、爬行、行走等動作技能，但是其發展的時間點及動作品質容易有落後的情形。

這些現象不容易被重視的原因是受到「四肢發達、頭腦簡單」的傳統觀念誤導，殊不知動作發展是一切發展的基礎，個體進行活動的過程即透過視覺、聽覺、味覺、嗅覺、觸覺、前庭覺、本體感覺等感覺系統，與周遭環境接觸後產生訊息，再傳送至腦部統整、分析，而有學習或反應的發生。例如：走在街上聞到一陣陣熟悉的香味，大腦開始搜尋記憶、比對香味系統

後，判讀出是「粽子」的味道，隨即想到粽子的形狀、顏色、大小、味道等內容，統整出對「粽子」的完整概念。

　　上述的過程就是感覺統合的作用。換句話說，感覺統合的過程就是人類學習、認知的起點。在感覺統合的作用中，外在明顯可辨別的感覺系統有：視覺、聽覺、味覺與嗅覺。至於內在神經系統的作用，則包括人類生存所需，最基本且重要的三大感覺：觸覺系統、前庭系統、本體感覺。

　　瞭解身體活動可以促進幼兒的神經統合能力、學習能力後，父母及老師可以多利用室內、戶外空間和器材進行各種活動，引導孩子「動」，讓感覺更統合。在活動的過程中，需注意給予充分練習的機會和活動量，以提升動作技巧。

觸覺系統

　　觸覺指的是個體利用身體皮膚的神經細胞接收外界的刺激，舉凡溫度、濕度、壓力、痛癢、輕重及物體的質感等，使個體清楚知道自己處在什麼樣的環境，進而能對環境的刺激做出適當的反應。

　　觸覺系統是人類發展最早、最基本、影響力最大的系統之一，從胎兒時期即開始發展，對嬰兒具有保護生命及生存的意義。例如：嬰兒的嘴巴具有尋覓母親乳頭的反射動作；物體放入嬰兒手中，他的小手會出現自然的抓握動作；甚至當手帕或被子蓋到臉部時，會有轉頭或試圖抓開的反應；感覺尿布濕了、髒了，會感到不舒適；被擁抱、親吻時，會感到舒服、愉悅等，這些都是透過觸覺接收外界刺激而產生的反

應。這些反應會逐步影響幼兒對身體知覺發展、計畫動作能力、視知覺、情緒及心理社會化發展等。

前庭系統

談到前庭系統，最容易被一般人誤解為位於大腦「前額」部位及「額頭」的作用。其實不然，前庭系統構造包括聽覺受器、腦幹的前庭神經核、神經束，以及大腦中與其相關聯的部分。其作用為利用內耳三個半規管與耳石來偵測地心引力，並控制頭部在活動時的方位，以抗禦地心引力以及保持身體的平衡。例如：跑步、游泳、搭船、坐飛機時，頭部位置會因為身體位置的移動而有不同方位的轉換，此時前庭系統需不斷的產生作用，以維持身體的平衡。

前庭系統必須參與生命的發展，在人體內扮演相當重要的角色，與個體的眼球、頸部、軀幹及四肢肌肉有非常密切的關係，影響肌肉張力、身體空間概念、動作協調性、視知覺，會影響聽覺、語言，以及情緒與行為的發展。

本體感覺

本體感覺來自肌肉、肌腱、關節、韌帶、骨骼等深層組織的感覺，透過骨骼肌收縮或伸張、關節彎曲或伸直等歷程，瞭解肢體的位置與動態。除非個體特別注意肌肉與關節等動作的情形，否則無法感覺其動作或變化。

本體感覺常與其他系統相互配合，使個體的身心得以健全發展。例如：攀爬繩索時，除前庭系統提供空間概念外，尚有腳底接觸、手掌抓握與身體碰觸繩索的觸覺刺激，另有操控肢體活動的本體感覺配合完成。本體感覺影響層面遍及身體知覺發展、計畫動作能力、視知覺、情緒和自信心。

你可以這樣做 1：室內活動

1. 搖晃活動

- 利用搖籃，或抱著嬰兒，輕輕搖晃（如右圖）。

- 使用背袋、背籃或背巾，揹著嬰兒走動。

- 將嬰兒放置在大毛巾或床單內，爸爸、媽媽各拉起一端，往前後、左右輕輕搖動（前後、左右次數需相同）。

  註：上述活動皆需在孩子感覺愉悅的情形下進行，若有任何不適的反應，應立即停止。

2. 肢體活動

- 趴臥：嬰兒清醒時採趴臥姿勢，提供練習抬頭、轉動頸部、雙手撐起上半身的機會。

- 移動：讓嬰幼兒有爬行、鑽洞等探索環境的機會，鍛鍊腰部及四肢的力量，並促進身體協調（如右圖）。

- 屈伸：換尿布時，幫嬰兒腿部進行屈、伸關節的運動。

3. 按摩活動

- 擁抱孩子、撫摸他的四肢和身體。
- 使用適度的搔癢活動與孩子互動（如右圖）。
- 幫孩子洗澡後，用毛巾按摩並擦乾身體。

你可以這樣做 2：戶外活動

搬運活動

- 搬運積木、桌椅、日常用品等。
- 推動茶几、推車、大木箱或置物箱等。
- 拉提購物袋、大型玩具車、紙箱等。

    (1)建立多爬樓梯、少搭電梯，多走路、少乘車輛的活動概念。

    (2)利用戶外空間進行玩水、玩沙、騎三輪腳踏車等活動。

    (3)在草地或較柔軟的 PU 跑道上進行跑、跳、滾、翻或玩球等活動。

    (4)使用大型遊樂器材，例如：鞦韆、翹翹板、旋轉地球、攀爬架、平衡木、滑梯、球池等。

第二篇
教具活動篇

1 節慶文化與 幼兒發展

好玩的主題式感統活動，
除能引導幼兒認識節慶的由來與意義外，
又能促進其發展！

麗淑在幼教職場的年資有十餘年，早已度過了求生期，目前正處於停滯的狀態。這些年來經歷了不同園所的教學模式，除了對幼兒的行為有相當程度的熟悉外，另外對於角落、單元、主題甚至蒙氏等課程皆有相當程度的涉獵。雖然教學模式不同，但是只要遇到中國傳統的節慶日，除了要千篇一律的敘述古老傳說外，還要配合節令進行各種節慶活動，最令她感到厭煩與無奈的是，往往孩子們無法理解抽象概念，但是老師們卻已忙到人仰馬翻。最近適逢中秋節的到來，有沒有好玩、有趣的活動，能引導幼兒認識節慶的由來與意義，又可以促進其發展呢？

當一位幼教老師熟悉課程與活動的運作後，如果沒有追求教學品質卓越的意願或無適當進修機會，則容易流於形式化的教學。近年來筆者在大專院校推行主題式的感統活動設計，正可以滿足幼教老師對於節慶活動課程省思的需求。

活動流程，首先將傳說和故事轉換成活動動機與連貫活動的橋梁，並運用在活動之前的預告說明，產生引起動機的效果，在整體的活動中，引發幼兒的聯想力及想像力，激起幼兒活動的興趣和持續性。其次，教師自行編撰簡易兒歌，配合活動主題需求，採用幼兒耳熟能詳的歌謠曲調，貫穿內容的一致性與流暢度。不僅可以讓幼兒認識節慶的由來，更能理解其所隱含的意義，亦大大提升感覺統合活動的趣味性，同時提供幼兒粗大動作和精細動作發展刺激，可謂一舉數得之舉。

活動目的

1. 瞭解中秋節的由來及意義。
2. 提升粗大動作能力（彈跳床、盪鞦韆、蹲跳、平衡板船、平衡木、射箭等）。
3. 提升精細動作能力（製作珍珠丸子）。

活動內容

暖身活動：講述「嫦娥奔月」的故事

器　　材

投影機、電腦。

活動過程

使用 PPT 講述嫦娥奔月故事。

故事重點

1. 天空上有十個太陽，造成地面上的溫度過高，所有東西都熱到燒起來了，所以后羿用弓箭射下九個太陽，讓人們避免旱災。他為了能夠長生不老，找來了長生不老的藥。

2. 嫦娥喝下長生不老藥後，身體變輕盈，逐漸飛向月亮。

3. 嫦娥飛向月亮後，遇見住在月亮裡的白兔，白兔害羞的跳進洞裡去了！

4. 嫦娥被尊為月神，奔月的當天，據說就是八月十五日，於是後人在每年的八月十五日舉行祭月神活動。

5. 後人稱中秋節為「團圓節」，是全家團圓賞月的日子。

小叮嚀

1. 將幼兒按身高排列，圍坐在螢幕前，並間隔出適當距離。
2. 教師裝扮成嫦娥說故事，引發幼兒的興趣及集中注意力。
3. 以開放式問題複習故事重點。

前庭覺活動:「嫦娥奔月」

器　材

彈跳床、鞦韆一座。

活動過程

1. 預告幼兒:「嫦娥喝了長生不老的藥後,飛向月亮而去。」今天老師要帶小朋友玩嫦娥奔月的遊戲。

2. 引導幼兒先跳彈跳床三十下,結束後,走到鞦韆排隊區排隊。

3. 幼兒坐上鞦韆後,老師協助推動十下。

4. 老師推動鞦韆的同時,幼兒配合鞦韆擺盪的節奏,練習向前抬腿、往後縮腳的動作。

5. 幼兒自行坐著盪鞦韆二十下。

6. 其次,讓幼兒站在鞦韆上練習屈膝、起身,擺盪鞦韆。

本體覺：「白兔跳」

器　　材

　　十個呼拉圈。

活動過程

　1. 預告幼兒：「嫦娥奔月後，在月亮上面遇見白兔，白兔害羞的跳進洞裡去了！」

　2. 先邀請幼兒扮演白兔繞活動場地一圈。

　3. 接著請幼兒在活動場內隨意跳動，進出呼拉圈。

　4. 老師扮演嫦娥的角色，隨時出沒在呼拉圈的旁邊。

　5. 白兔遇到嫦娥，隨即轉身選擇一個呼拉圈跳進去，雙手抱頭蹲下，假裝躲起來。

　6. 安靜一分鐘後，再跳出呼拉圈。

　7. 重複上述活動三次。

平衡：「太空漫步」

器　　材

　　地面平衡木、高平衡木、平衡板船、布膠帶。

活動過程

1. 預告幼兒:「人類在月球上,因為沒有重力,身體
   會出現搖晃擺動的情形,但是太空人還是努力維持
   平衡。」我們來練習如何維持平衡?

2. 老師在橢圓形的線上,示範雙腳交互前進的走線活
   動,再邀請幼兒走線。

3. 接著走地面平衡木及高平衡木。

4. 隨後站上平衡板船,左右踩踏平衡板,維持平衡。

5. 最後,幼兒站在平衡板船上和老師進行丟接球活動。

手眼協調:「后羿射太陽」

器 材

吸盤弓箭組數套、白板玻璃一面、布膠帶。

活動過程

1. 預告幼兒:「我們來學后羿射太陽,看看誰射到最多太陽、得到最高分?」

2. 幼兒站在射箭起點線,使用吸盤弓箭射向玻璃太陽。

3. 射中太陽圖形範圍內且黏住玻璃者得五分。射中太陽圖形範圍內,但掉落地面者得三
   分。射出太陽圖形範圍外,黏住玻璃者得一分。

4. 每位幼兒射六次後,分別統計得分。

5. 分數最高者為優勝。

沉澱：唱「加油歌」

器　　材

手提 CD 音響一臺。

活動過程

1. 請幼兒圍坐於地面，橢圓形的白線上。

2. 老師教唱「加油歌」。

   歌詞如下：

   > 太陽在天空發出微笑，歌聲優美我們精神好。
   >
   > 邁開大步向前走呀！加油！加油！加油！

精細動作：團圓丸子——（製作珍珠丸子）

器　　材

托盤數個及蒸盤。

珍珠丸子材料

糯米 200 公克、絞肉 300 公克、薑末 1 茶匙、香菜末、紅蘿蔔末 1 大匙、太白粉少許。

調味料

鹽、味精、胡椒粉、麻油各少許、水 4 大匙。

教師備製材料

1. 將絞肉加入上述調味料攪拌後，用手甩打數分鐘，再加入香菜末、紅蘿蔔末、薑末、太白粉拌均勻。

2. 糯米洗淨並泡軟（至少 1 小時），然後瀝乾水分備用。

3. 老師備齊珍珠丸子材料後，將材料分成數小球放置托盤內。

活動過程

1. 活動前先引導幼兒洗手，再進行此項活動。

2. 幼兒雙手先沾濕，再拿起小肉球，放置手掌上搓圓。

3. 將搓圓的肉丸，沾滾上一層糯米粒。

4. 珍珠丸子排列整齊放入鋪放紗巾的蒸盤中，再放入蒸鍋蒸熟。

5. 將蒸熟的珍珠丸子取出，邀請幼兒一起分享好吃的珍珠丸子。

2 擁抱的迷思

抱與不抱？不是問題的焦點，
如何運用正確的方法與技巧
才是「擁抱」孩子的最高原則。

恩寶在家族與父母的殷殷期盼下出生了。爺爺、奶奶整天愛不釋手的把他捧在手掌心，捨不得寶貝金孫受到一丁點兒的委屈。千叮嚀、萬囑咐媳婦，只要小孫子發出哭聲，就要立即抱起來安撫，以免金孫哭壞了嗓子或造成疝氣等後遺症。但是身為父親的建國卻認為將來孩子要成為頂天立地的男子漢，哭一下沒什麼關係，不要過度寵愛，以免養成依賴、怠惰的習性。

所以，每次恩寶一哭，就讓剛經歷痛苦生產歷程的倩倩手足無措，不知到底該不該抱孩子？不僅無法好好休息，又得陷入先生與公婆的拉距戰中而左右為難！倩倩只好尋求資深保母和專家的建議，沒想到答案就更分歧了。保母認為太常抱孩子會導致教養困難，形成孩子磨娘精的性格；而專家卻建議擁抱能帶給孩子安全感，增進親子關係，甚至將孩子抱起來輕輕搖晃，還能促進動作能力的發展呢！這麼多不同的說法，倩倩更迷惑了，到底該怎麼做，才是理想的方式呢？

其實，嬰兒的感官知覺特別敏銳，雖然孩子不會用語言表達所有的感覺，但是這些感受都將轉化為孩子內在的心理、人格特質。因此，成人在照顧嬰兒時，不論餵食、洗澡、更換尿布，都必須全心全意的擁抱孩子，經由眼神的互動、肢體的撫觸、相互的回應與交流等方式，專注的投入例行性活動的進行，而這些美妙的歷程正是父母「愛」的展現。

當胎兒離開母親狹小的子宮，置身在與先前生活環境完全不同的情境中，為了讓新生兒適應從動彈不得的空間到發展肢體活動的過渡時期，照顧者在此階段必須提供嬰兒充分的擁抱機會，以及用衣物包裹身體，讓新生兒能逐步適應離開母體後的真實生活。

滿月後的嬰兒逐漸經由身體的動作來探索、認識這個世界，此時，照顧者應逐漸減少控制孩子的肢體，將自我安靜、自我體會與自我學習的自主權交還給孩子。不可或缺的具體性做法如下所示：

首先，讓孩子穿著寬鬆的衣物並脫掉手套，增加身體活動和手舞足蹈的機會。其次，準備足夠的空間讓嬰兒能自如翻滾，練習移動自己的身體。

除了環境的預備外，最重要的是照顧者對待嬰兒的態度。當孩子發出哭聲的訊息後，並不需要立刻衝過去抱起孩子加以安撫或提供物質上立即的滿足。這時你可以運用聲音和表情回應嬰兒的需求，例如：提高音調告訴孩子：「媽媽聽到你的聲音了，可是我正在洗澡，請你等一

下，我一會兒就會過來看你。」或是用生動的表情與溫和的話語詢問孩子：「親愛的寶貝，是不是尿布濕了，不舒服呀？媽媽來幫你檢查看看喔！」若是生理需求的問題，依然可以透過聲音與動作適時回應孩子。例如：一邊沖泡牛奶、一邊說：「媽媽知道妳肚子餓了，我已經把開水和奶粉倒進奶瓶，泡好就可以喝牛奶了，請再等一下。」

這些舉動無非是將孩子視為具有生命力的個體，能理解外在的世界，並擁有學習的能力。如此一來，照顧者不僅與嬰兒建立溝通、互動的管道，更傳遞了彼此互信的基礎，讓嬰兒在無形中感染等待、忍耐的特質與美德。

因此，抱不抱孩子並非問題的焦點，能在適當的時機、運用正確的方法與技巧，才是「擁抱」孩子的最高指導原則。

擁抱的另一章

透過擁抱與身體的接觸，變化成與嬰兒一起進行的親子活動，又是親子互動歷程另一種可觀的收穫。

你可以這樣做 1：乘風破浪

適合發展階段與年齡：能抬頭，約兩個月。

活動過程

1. 將嬰兒放置在毛巾被中。

2. 父母兩人分別握住被子左右兩側，將嬰兒前後
   輕輕擺盪。

3. 父母兩人分別握住被子前後兩端，
   將嬰兒左右輕輕擺盪。

4. 以嬰兒感到愉快為原則。

小叮嚀

左右兩側與前後兩端擺動次數儘量一致。

你可以這樣做 2：遨翔天際

適合發展階段與年齡：雙臂能支撐起上半身，約三個月。

活動過程

1. 照顧者躺臥軟墊或床上，弓起雙腳到腹部上方。

2. 嬰兒趴臥在照顧者弓起的小腿上。

3. 與嬰兒面對面，雙手握住嬰兒臂膀，張開其雙手，成遨翔狀（如下兩圖）。

4. 照顧者雙腳屈膝，帶動嬰兒前後擺動。

5. 照顧者亦可左右搖動身體，帶動嬰兒左右擺動。

6. 最後將嬰兒放下，直接抱在胸前左右滾動（如下四圖）。

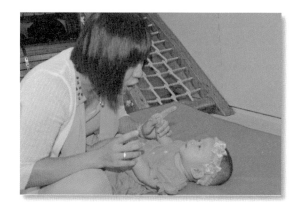

3親子無戰爭

面對一刻也閒不下來的孩子，
常令照顧者筋疲力竭，
其實，只要滿足孩子動手的慾望，
親子之間就能甜蜜過日子。

每到年節，建志一家就會提著大包小包的行李，通過擁擠的車陣，回到小時候成長的地方，和父母、親族們共享一段快樂的天倫時光。今年與往年相當不同的是，寶貝兒子小安安滿週歲了，走起路來搖搖晃晃，笑起來甜如蜜，一副生龍活虎、天生將材的模樣，真是人見人愛，尤其深得爺爺、奶奶的疼愛。

這個美好景象，卻在除夕當日短短幾小時內風雲變色。當爺爺撕下去年的紅紙，貼上新春聯時，小安安竟然以迅雷不及掩耳的動作扯下剛剛貼妥的春聯，害爸爸又得跑到鎮上重新購買，再急急忙忙趕在祭拜祖先之前，完成張貼的動作。好不容易一切都就緒後，家族成員依序燃香祝禱，沒想到小安安又一把搶掉奶奶手上的香束，掃掉桌上的貢品，讓大家措手不及。整個下午為了照顧小安安，大夥兒個個筋疲力竭、疲累不堪。

從動作發展的角度來看，滿週歲的小安安正處於「行走敏感期」，不僅相當喜愛走路，也樂此不疲；常常一覺醒來馬上翻身而起，顛顛簸簸的橫衝直撞，完全不理會成人的呼喚。即使父母強行抱起，小安安也會使盡全身的力氣，意圖掙脫成人的控制。若將

小安安放置在地面活動，父母一個不留神，黏貼在牆面的保護軟墊就會被摳碎，甚至沙發椅的隙縫、錄放影機或 DVD 的小孔洞，經常被塞入各種異物，只要小安安拿得到的物品都會被敲打、碰撞，破壞無遺，各種防不勝防的狀況真是層出不窮！

　　此時，孩子的語言發展正處於大量吸收語詞且未能明確表達語意的時期。因此，孩子能理解成人簡單的指令和要求，但只能用動作、表情姿勢和聲音表達意願，卻無法明確運用語言表達想法，因此容易形成孩子與照顧者之間的親子戰爭。

　　身為照顧者必須瞭解這個時期的孩子，其認知發展正處於用不同方式探索不同物品的時期。例如：當孩子拿到一個杯子，不管材質是塑膠、玻璃或陶瓷，他都會用拋丟、滾動、捏拿、敲擊、捶打等方式去探索物品的質感、大小與形狀等各種感覺，再將肌肉、關節所接收到的訊息與視覺、味覺、嗅覺以及聽覺等訊息，組織、統整成為認知的內涵。

　　此時，家有學步兒的父母對於孩子活躍的動作行為非但不要阻擋，甚至還要推波助瀾的營造投其所好的環境，充分滿足幼兒想要行走與動手的欲望，就能將孩子破壞性的行為轉為正向、積極的學習助力，何樂而不為呢？

　　首先，利用家中客廳的沙發、矮櫃和茶几等家具，布置成學步兒行走時的扶握物或蹲站時的支持物。另使用抱枕、棉被與柔軟物，設計成障礙物，誘發孩子發展攀爬、跨越與翻滾坡度等能力。再則儘量利用戶外場地，提供孩子在各種不同地面行走的經驗，例如：草地、沙地、

泥土地面等,累積不同的感官經驗。

挪出家中一角,鋪上軟墊或地毯,放置一、兩樣孩子能反覆探索的教具,吸引孩子在練習行走之餘,也能提供發展手眼協調與精細動作的機會。例如:不同顏色、大小、軟硬的球體;幾個可供丟擲與投放的小沙包;或可供套放、取拿的耐摔杯等。

當照顧者帶著孩子進入陌生或不熟悉的環境時,除了事前預告外,到達目的地後,可使用興奮的語調向幼兒介紹環境中的一景一物。若景物允許觸摸,則讓孩子使用雙手觸摸,並透過嗅覺、味覺、聽覺、視覺等感官認識、探索事物。例如:「這是爺爺和奶奶的家」、「這是木頭門」、「鐵製的門環」;說完讓孩子摸一摸大門的質感,並握起門環感受不同的材質與溫度。

當長輩家中因節慶而舉行祭拜儀式時,是引起幼兒探索的時機。父母可把握難得的機會與孩子進行一場親子知性之旅。例如:趁水果未擺上供桌前,先向孩子介紹水果的名稱,如鳳梨、蘋果,接著讓孩子聞一聞不同的果香味、摸一摸鳳梨粗糙的果皮與蘋果光滑果衣的觸感,再帶著孩子一起將供品端上供桌。利用祭祀的時間再一次向孩子說明剛才認識的水果名稱、觸感與放置位置,並介紹祭拜禮儀等相關事物。如此一來,不僅能關注到孩子的動作、語言、認知及情緒的發展需求,同時也促進嬰幼兒學習的統整性,真是一舉數得。

你可以這樣做 1：投球入洞

教　　材

原木投洞箱一組。

活動目的

1. 滿足幼兒投放物品的慾望。
2. 促進手眼協調。
3. 發展精細動作能力。
4. 增進語詞能力。
5. 培養幼兒主動學習的能力。

活動提示

1. 照顧者將投洞箱放置在幼兒面前。
2. 在幼兒面前緩慢拿起木球投入洞中。
3. 進行上述活動時，同時帶入「箱子」、「木球」、「拿」、「投」、「放好」等語言。

小叮嚀

1. 將教具放置在幼兒容易操作的地方。
2. 讓幼兒依其喜好，反覆操作。
3. 若幼兒對投放木球的興趣減少，則再加入布球、毛線球或其他適合投入洞中的球類。

你可以這樣做 2：抽屜精靈

教　　材

原木抽屜一組、動物玩偶數個。

活動目的

1.滿足幼兒開關抽屜的慾望。

2.促進手眼協調。

3.發展精細動作能力。

4.精進三指抓的能力。

5.增進語彙能力。

☛活動提示

1. 照顧者在幼兒面前緩慢拉開小抽
   屜，拿出抽屜內的動物玩偶並說出
   名稱。

2. 幼兒仿說後，將動物玩偶放回抽屜
   內。

3. 再將抽屜輕輕蓋上。

4. 接著開啟第二個抽屜，並重複上述
   動作，直到操作完所有抽屜。

小叮嚀

若示範完第一個抽屜後，幼兒搶著拉開其他抽
屜，則照顧者可立即停止示範，讓幼兒接下去
操作。

你可以這樣做 3：拍拍樂

教　材

拍打罐一組。

活動目的

1. 滿足幼兒拍打物品的慾望。

2. 促進手眼協調。

3. 提供聽覺刺激。

4. 發展視覺追視能力。

5. 培養幼兒的專注力。

活動提示

1. 照顧者在幼兒面前拍打教具按鍵處。

2. 讓小球跳出，旋轉發出滾動聲。

3. 待小球掉入洞中再重複上述動作。

> **小叮嚀**
>
> 示範拍打的動作後，照顧者保持安靜，讓幼兒集中注意力觀察、追視滾動的小球。

你可以這樣做 4：天使信差

教　材

原木信箱一組。

活動目的

1. 滿足幼兒投放物品的慾望。
2. 促進手眼協調。
3. 發展精細動作能力。
4. 培養幼兒主動學習的能力。

☞活動提示

1. 照顧者將信箱放置在幼兒面前。
2. 拿起木製小信緩慢投入信箱中。
3. 打開信箱門，拿出小信片。
4. 將小信片放好，蓋上信箱門。
5. 進行上述活動時，同時帶入「信箱」、「拿」、「投」、「打開」、「蓋好」、「放好」等語言。
6. 將小信箱放置在幼兒容易操作的地方。
7. 讓幼兒依其喜好，反覆投放操作。
8. 待幼兒動作熟練後，再換成紙製小信。

小叮嚀

1. 如果幼兒剛開始無法精確將信投入信箱中，照顧者不要馬上伸手協助，必須提供幼兒練習的機會。
2. 若幼兒顯出不耐煩的神情，則詢問幼兒：「媽媽幫忙好不好？」獲得孩子應允後，再出手協助。
3. 尊重幼兒的自主權。

新手父母、收驚兒

初生嬰兒的一些反射動作，

常讓父母誤以為孩子受驚嚇、難養育，

瞭解孩子的正常發展行為，

能幫助您在教養路上順利前行。

英英懷著喜悅而幸福的心情迎接寶寶的誕生，滿懷希望的與先生計劃著孩子的未來遠景。但是寶貝兒子經常白天睡覺、半夜啼哭，小倆口毫無招架之力。睡前明明依照例行程序餵奶、拍打背部排氣、更換尿布。好不容易將孩子送進小床，他就立刻大聲啼哭，英英只好努力搖晃雙臂當做搖籃，試圖安撫孩子入睡。此時，卻發現孩子不斷將臉頰貼向英英胸前，似乎想吸吮母奶，英英不禁懷疑孩子是否沒吃飽？或肚子又餓了？「嗯！孩子只靠牛奶供給營養，液體的食物一下子就消化了，而且俗話說：『一暝大一寸』，再泡一瓶牛奶試著餵餵看吧！」耶，孩子竟然很捧場，全部喝光光。可是過了不久，孩子就將喝下去的牛奶全部吐出來，到底怎麼回事呢？甚至有時候將孩子抱起來，孩子還會產生顫動的情形，這可怎麼辦才好？孩

子既不能言語，也沒有溝通的動作與手勢，實在令人難以理解，孩子到底發生了什麼事情？到底需要什麼？

英英曾聽同事提起，老人家比較有養兒育女的「手勢」，於是向婆婆求助，婆婆認為只要將小孫子的內衣褲倒掛在嬰兒床上方，就能扭轉乾坤，恢復正常作息。此外，婆婆又強力主張小孫子可能受到了驚嚇，需要抱到廟堂中找專門收驚的師父作法，喚回孩子的三魂七魄，安撫不安的靈魂，孩子不僅容易照顧，也會平安、順利的長大。但是英英不贊同這些怪力亂神的方法，兩代之間因此產生了嫌隙，夾在中間的丈夫更是不好受，家庭氣氛也降到了冰點。

認識嬰幼兒的反射動作

從發展學的角度來檢視嬰兒的反射動作——受到外界某種特定刺激時，會產生不由自主的反應，不難發現新生兒有兩項與維繫生命相關的反射動作：

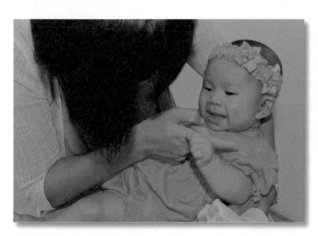

◆尋覓反射

1. 尋覓反射

輕撫或觸摸嬰兒臉頰時，會引發嬰兒轉向撫觸方向，產生尋覓奶頭的反射動作。此種反應會持續到週歲。

2. 吸吮反射

只要將大小適合的物件放入嬰兒口腔內，就能引發孩子吸吮的反射動作，出生三個月後，才會逐漸轉換成自主的吸吮動作。

這兩項反射動作容易讓父母誤判孩子沒吃飽，需要再餵食，造成嬰兒過食的現象而引發吐奶反應。再者，嬰兒到了三、四個月大，父母又會遇上孩子將奶嘴吐掉、拒絕吸食牛奶的情形。若有這種情形，請照顧者不要忘記，嬰兒的吸吮反射動作到了三個月後就逐漸發展成自主性的吸吮動作，孩子開始出現選擇性的行為，這是優質發展的結果，應該是值得高興的事情。

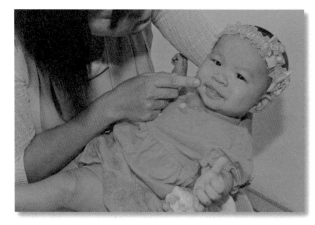

◆吮吸反射

除此，與新生兒自我保護相關的兩項反射動作，也常引起父母錯誤的解讀：

1. 摩洛反射

嬰兒仰臥時輕敲腹部或使其瞬間失去平衡，都會引發嬰兒雙臂外伸、雙手攤開成大字形狀的反應。出生後一、兩個月內最為明顯，一直到五、六個月都還可以看到這項反射動作。

2. 震驚反射

嬰兒對強烈聲音或其他強烈刺激的反應，其型態以四肢內收為主。這些訊息都是提醒照顧者，嬰兒接受外界刺激的強弱與限度，也是協助新手父母判斷孩子需求的管道之一。

婆婆曾因錯過幫新生兒洗澡的時間而加快動作，當她將嬰兒抱起放入澡盆時，看到孩子因瞬間失去平衡而產生摩洛反射，誤以為寶貝金孫「受驚」了，而興起收驚的念頭。經我詳加解釋與說明後才免除一場「虛驚」。我自己也曾於夜深人靜，由於閱讀書籍時過於投入而將筆蓋掉落地面，因此引起兒子產生「四肢顫動」的震驚反射。當時若不是對嬰幼兒發展有深入瞭解，想必也會對自己引起幼兒驚嚇的行為內疚不已。

◆走步反射

另外,有三項與成人自主動作極為相似的反射動作,照顧者若稍有不察也會誤以為孩子「發展神速」、「天賦異稟」,而造成揠苗助長的教養態度:

1. 走步反射

成人雙手扶住嬰兒的腋下,使其足底觸及平面,嬰兒腿部會呈現屈曲、伸展交替的步行動作。此項反射動作約三～四個月後會消失。

2. 爬行反射

將嬰兒放置在床上成趴臥狀,手指觸按其足底,嬰兒會出現爬行的反射動作。此項反射動作約六～七個月後消失。

3. 游水反射

將兩週大的嬰兒放入水中,他會一邊閉氣、一邊規律的游水前進,此種能力在五個月左右會消失。如果沒有加以訓練,大部分的人終生幾乎不會再有游水的能力。

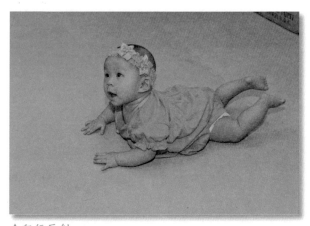

◆爬行反射

由上述可知,初生嬰兒的反射動作確實與其生活息息相關,若父母不瞭解嬰兒的發展行為而產生誤解,很容易導致養育困難的錯覺。原本是正常的反射動作,卻誤以為孩子「受驚嚇」、「難養育」、「招煞」、「中邪」等,而需接受「收驚」等民俗療法的處置,更是勞民

傷財，又得不償失。

發展基礎能力最重要

近來，市面上有不少商業機構針對嬰兒的反射動作，設計一連串活動，聲稱對嬰幼兒智能有所提升，鼓吹父母購買教具或者參加腦力開發課程。孩子的成長需要環境的刺激以及適當的引導；匱乏的環境對幼兒的發展必有不利的影響，但是仍需注意過度豐裕的環境未必能有相對的發展成效。況且不論動作、語言或認知能力的展現，皆需神經系統的健全與成熟，而反射動作只是嬰幼兒發展過程中的一個歷程，其最後目的都是要朝向自主性動作與語言表達能力發展。因此，孩子的主動性、獨立性、協調性與積極性才是三歲前幼兒最需要發展的基礎能力。

教具 DIY

1. **適用對象**

   新生兒～三、四個月。

2. **教具目的**

   促進嬰兒視覺發展。

3. **操作方式**

   懸掛在嬰兒床四周或正前方。

愛的組合

材　料

膠膜內桿五～六根、紅色和黑色雲彩紙各一張、白色粉彩紙一張、衣架一個、棉繩一條。

製作方式

1. 白色粉彩紙裁剪成長方形後，將膠膜內桿包起來，紙張兩端塞入桿洞中。

2. 將紅色和黑色雲彩紙剪成橫線、直線、斜線、曲線、圓點等圖案，黏貼在桿棒上。

3. 將黏貼完成的桿棒，上、下排列。

4. 用棉繩將桿棒串聯起來，繫在衣架下。

5. 將成品懸掛在嬰兒床的四周，約距離嬰兒視線三十公分處，每隔一星期更換一次位置。

風的叮嚀

材　料

白色優酪乳空瓶（小瓶）五～六罐、棉繩數條、紅色雲彩紙一張、衣架一個。

製作方式

1. 將紅色雲彩紙剪成橫線、直線、斜線、曲線、圓點等圖案，黏貼在空瓶上。

2. 將瓶蓋穿洞。

3. 將棉繩一端穿入瓶蓋內打結,另一端高低參差繫在衣架上。

4. 將成品懸掛在嬰兒床四周或正前方,約距離嬰兒視線三十公分處,每隔一星期更換一次位置。

寶貝三色襪

材　料

紅、藍、黃三色糖果襪各一雙、棉花一包、衣架一個、棉繩數條。

製作方式

1. 將糖果襪塞滿棉花。

2. 將棉繩一端打結放置在襪內,再將襪口縫製起來。

3. 將三種顏色的襪子高低參差排列,繫在衣架上。

4. 將成品懸掛在嬰兒床四周或正前方,約距離嬰兒視線三十公分處,每隔一星期更換一次位置。

5 智慧的開端：學步期

學步期是個體邁向獨立的重要時期，
照顧者必須改變根深柢固的思維，
覺察孩子的需求和意願，
將主動權還給孩子。

家華與欣玫剛結婚時，打算先過幾年兩人世界的甜蜜生活，不曾想過懷孕生子這檔事。多年後，他們想要養兒育女卻遲遲無法如願。後來拜科技所賜，歷經千辛萬苦終於產下一子。於是，欣玫不僅辭掉工作，更將重心全部放在兒子小偉身上，對他呵護有加、照顧得無微不至。兒子不是躺在華麗的嬰兒床上就是抱在懷裡，真是一副有子萬事足的寫照。

時間就在餵奶與更換尿布中流逝，小偉也逐漸長大。原先欣玫以為造物者體諒她懷孕生子所受的痛苦，恩賜她一位乖巧的孩子，誰知經過了八、九個月後卻人事全非。小偉不僅經常吵鬧不休，抱也不是、哄也不是、睡也不是，並且不斷想從欣玫的懷中掙脫。如果放到嬰兒車內，小偉更是使盡全身力氣不停的搖動圍欄，好像一頭憤怒的獅子。最後，欣玫逼不得已只好使出殺手鐧，舉起手朝孩子的屁股重打數下。結果小偉聲嘶力竭的大哭，欣玫更有「打在兒身、痛在娘心」的錐心之痛，頓時無力感與挫敗感湧上心頭。

人類之所以成爲萬物之靈，是因爲出生後受到母親的照顧和養育的時間特別長久。嬰兒約需兩年時間才能自如的行走與進食。雖然如此，孩子從出生脫離母體後，隨即進入漫長的學習獨立階段。從翻身、移動、爬行、站立到開步走、跑、跳，在在顯示孩子趨向獨立目標的行爲；其行進速度如同一支疾駛的箭朝向目標前進，這是一種內在的驅動力，外力是無法阻擋的。

　　如果照顧者執意阻擋幼兒想要活動的意願，往往會引起更大的爭端。唯有順勢而爲，引導孩子與生俱來的內在能量，協助其外在能力的發展，才能收事半功倍之效，達到成長的目的。

　　照顧者首先必須放下想要保護、控制孩子的想法，覺察孩子的需求與意願。身爲父母最難勝任的就是改變根深柢固的思維，將主動權還給孩子，讓他成爲獨立自主的個體。如同本文案例中的小偉，藉由各種反抗行爲，極力想掙脫母親的掌控。母親應該尊重小偉想要活動的意願，在安全的環境中讓他透過自己的意志掌控自己的身體動作，自如的在環境中練習站立、行走和移動身體。尤其，肢體的協調性、力量的控制、身體與環境的距離感、事物的方向感、速度感的掌握、事物發生順序的理解等，皆需透過與環境的互動才能精進，而非說教的方式。

　　看到孩子需要協助時，必須壓抑衝動的念頭，縮回「伸出的援手」。例如：孩子在練習站立與行走的過程中，難免會發生跌倒、碰撞或滑倒等意外。若非緊急情況，如流血、瘀青、紅腫等，照顧者應以觀察者的角色「冷眼旁觀」孩子的行爲，甚至「視而不見」，以培養孩子面對挫折、自行解決問題的能力，因爲這些能力的養成無法透過保護的方式而達到。

　　經過設計的環境是嬰幼兒發展的最佳助力，既不會過度保護，也不會過分干涉幼兒的動作行爲。學步兒最需要透過環境的協助，發展站立、行走、蹲站、跑跳等動作能力。愈是無用的幫助愈會阻礙孩子的發展，摒棄嬰兒床和學步車對幼兒的行動限制，多利用家中的茶几、沙發、矮櫃、木箱、軟骨頭等物件布置環境，讓孩子隨時可以扶物站立、移物行走，自如的練習與活動。

學步期是個體邁向獨立的重要時期,而獨立能力又是未來認知、語言、情緒、社會人格發展的基石。照顧者只要改變錯誤的觀念、放棄掌控孩子的意念,掌握嬰幼兒學習的黃金時期,培養孩子獨立自主、主動學習、挫折容忍力,就能為孩子預備一筆可觀的智慧資產。

你可以這樣做 1:過山洞

材　料

餐桌一張、床單或大桌巾一塊、會發出聲音或亮光的玩具一個。

活動目的

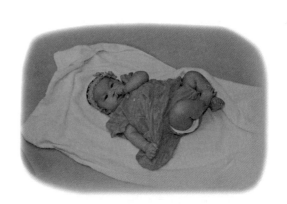

- ·練習連續爬行的能力。
- ·提升肢體的肌肉力量。
- ·促進粗大動作的協調性。
- ·體會物我之間的距離感。
- ·發展前庭神經系統和本體感覺。
- ·增進觸覺敏銳性。
- ·促進聽覺、視覺與肢體的協調性。

活動提示

1. 將餐桌放在家中空曠處。
2. 將床單蓋住餐桌上方,並垂放至左右兩端(長邊)地面,呈山洞狀。床單不要蓋住餐桌前、後兩端,讓孩子可以從山洞前端(入口)透視到後面(出口)。

3. 將玩具放在出口，讓孩子可以從入口清楚的看到玩具。

4. 引導孩子爬過山洞取物。

5. 待孩子熟識布置的環境後，讓孩子自如的來回爬動。

你可以這樣做 2：越過障礙

材　料

軟墊數片、抱枕、枕頭或軟骨頭數個。

活動目的

- 練習爬行越過障礙物的能力。

- 提升肢體的肌肉力量。

- 促進粗大動作的協調性。

- 體會物我之間的距離感。

- 發展前庭神經系統和本體感覺。

- 增進觸覺的辨別性。

- 促進視覺與肢體的協調性。

活動提示

1. 將軟墊鋪放在房間一角。

2. 將抱枕、枕頭或軟骨頭散放軟墊上。

3. 允許孩子在上面自如的翻滾、攀爬、移動，不必有過多的限制。

91

你可以這樣做 3：走迷宮

材 料

靠背椅數張、矮櫃或沙發椅數張。

活動目的

‧練習步行的能力。

‧提升肢體的肌肉力量。

‧促進粗大動作的協調性。

‧體會物我之間的距離感。

‧增進觸覺敏銳性。

活動提示

1. 將靠背椅、矮櫃兩兩相對，排列成彎曲狀。

2. 讓孩子扶著椅背、矮櫃，順著曲徑走動。

3. 若嬰幼兒不願意移動，則不必勉強。

4. 尊重孩子或站、或坐、或移走的意願。

6 培養耳聰目明的孩子

照顧者協助嬰幼兒發展其順暢、具調整能力的感覺神經系統，並促進其耳聰目明、反應敏捷之學習能力。

心怡結婚許多年都未能懷胎受孕，近幾年拜科技所賜，終能一償宿願，享受為人母的喜悅。為了讓寶貝女兒能得到最完善的照顧，因此生下孩子後就辭去工作，在家專心養育女兒。心怡對女兒百般呵護，因為擔心她肚子餓會哭泣，於是趁著女兒睡著時先備妥定量的奶粉放進外出罐中，並將奶瓶裝好適溫的開水，放在保溫容器中，待女兒醒來後，數秒鐘內就能把牛奶沖泡好，飛快送到孩子的嘴裡。女兒到了學習爬行、走路的時期，也捨不得讓她在地上練習，因此孩子的生活空間不外乎嬰兒床、嬰兒推車或是媽媽的懷抱。兩年來，心怡陶醉在養兒育女的樂趣中，直到最近參加先生公司舉辦的旅遊活動時，才發現女兒的動作能力、反應能力與別的孩子相較，總是慢半拍，甚至眼神也不如其他孩子靈活。

人類的發展從胎兒期開始就不斷的發生，藉著母親子宮裡羊水的流動以刺激胎兒的觸覺、前庭覺與本體覺的發展，胎兒亦在羊水中游動其肢體，發展其神經傳導系統的成熟度。出生

後，這些感覺神經系統（另有視覺、聽覺、味覺、嗅覺等）皆需不斷與外界環境互動，經由刺激、反應與回饋的循環歷程產生學習的基礎。

嬰兒出生後其感覺神經系統亦透過與外界環境互動、刺激建立網絡系統，進而統合各種外界傳遞進來的資訊，形成認知發展的基礎。

因此出生嬰兒手舞足蹈的一舉一動，甚至哭聲，皆是與環境互動學習的表現，照顧者應該讓孩子有機會練習肢體活動、發音與表達的練習。在一歲半以前需順應嬰兒發展需求，給予安全、適當的環境促其伸展肢體，發展翻身、爬、走、站、跑等基礎動作。兩歲大的嬰幼兒已具備良好移動肢體的動作能力，漸不受空間的限制，能自如行動進行各種學習，照顧者更應主動提供可促進其各種感覺系統之活動，協助幼兒建立粗大動作之肌力、雙側協調性、認識環境與個體的方向感等。如此一來就能幫助嬰幼兒發展其順暢、具調整能力的感覺神經系統，並產生耳聰目明、反應敏捷之學習能力。

你可以這樣做 1：手腳萬能

活動器材

原木組合式攀爬架。

活動目標

自行運用四肢爬上攀爬網、神情自如走過吊橋、勇於從攀爬架跳到海綿墊上。

活動目的

增進手腳協調、強化觸覺發展、活化前庭

神經系統、促進空間概念、提升視覺辨識能力、加強末梢神經敏感度。

活動內容

1. 請年長幼兒示範正確玩法。
2. 引導孩子脫掉鞋襪後，踩上繩網。
3. 誘導孩子使用四肢向上攀爬移動。
4. 孩子爬上平臺後，改採站姿。
5. 孩子跨步走過吊橋。
6. 孩子站在高臺上，向前跳躍。照顧者牽握孩子雙手，請孩子採蹲立姿勢，向前跳躍而下至海綿墊。

延伸變化

1. 公園內設置的攀爬方格架。
2. 天母棒球場內圓錐形繩架。
3. 圓山兒童樂園大型攀爬網架。
4. 湯姆龍遊樂場……等。

小叮嚀

1. 若孩子對踩上繩網會有懼怕的反應，則先帶孩子試站繩網，數次後再爬動，不必勉而行之。
2. 若孩子不敢跨越吊橋行走，引導方式與上列相同。
3. 若孩子表示懼怕，不願意跳動，則照顧者先以雙手擁抱孩子，將其抱擁而下。
4. 若孩子使力方法或方向錯誤，則照顧者牽握孩子雙手，順勢引導孩子向前使力跳躍。

你可以這樣做 2：空中飛人

活動器材

彈跳床一張。

活動目標

自行運用雙腳腳尖在墊上轉圈跳動。

活動目的

活化前庭神經系統、促進空間概念、強化本體感覺、增進身體轉動的協調性。

活動內容

1. 先請年紀較長幼兒示範正確玩法。

2. 引導孩子脫掉鞋襪，站上彈簧墊。

3. 照顧者在旁邊鼓勵孩子向上跳動，邊拍手打拍子。

4. 孩子能連續向上跳躍數十下，則誘導其分別向左、右轉動跳躍。

延伸變化

跳臺階、蹲跳、過線跳。

 小叮嚀

若孩子站上彈簧墊上而無法跳動，則照顧者帶著孩子一起跳動，讓孩子能先感受跳躍的樂趣。

你可以這樣做 3：上上下下

活動器材

搖擺船一座。

活動目標

享受搖擺的樂趣。

活動目的

活化前庭神經系統、促進空間概念、強化本體感覺、學習使用身體擺動搖擺船、學習配合他人的節奏。

活動內容

1. 請兩位幼兒分別坐在搖擺船兩側。

2. 使用身體擺動搖擺船。

3. 與他人合作進行上、下擺動的節奏，以維持持續不斷的擺動。

延伸變化

海盜船、翹翹板等等。

小叮嚀

若孩子感到害怕或出現暈眩的情形，則馬上停止此項活動。

你可以這樣做 4：親子推車

活動器材

照顧者與幼兒。

活動目標

幼兒抬起頭，使用雙手在地面爬動。

活動目的

增強手臂肌力、刺激腦幹神經系統整合能力、活化前庭神經系統、促進空間概念、強化本體感覺、學習與他人合作。

活動內容

1. 幼兒趴臥在地面上。

2. 照顧者抬起幼兒雙腳。

3. 讓幼兒撐起雙手向前爬動，照顧者順勢推動幼兒向前移動。

延伸變化

單桿、滑板、身體貼地面向前爬動等。

小叮嚀

若孩子爬動時頭部下垂，可拿出玩具在幼兒前面，引誘孩子抬頭觀看。

你可以這樣做 5：熱炸春捲

活動器材

地墊數塊、抱枕數個。

活動目標

幼兒躺臥地面，向側面翻滾數尺。

活動目的

促進肢體雙側協調、活化前庭神經系統、強化本體感覺、發展觸覺神經系統。

活動內容

1. 幼兒躺臥地面，向側面翻滾數尺。

2. 碰到障礙物再翻滾回原處。

延伸變化

使用雙腳交互移動滾動身體、前滾翻。

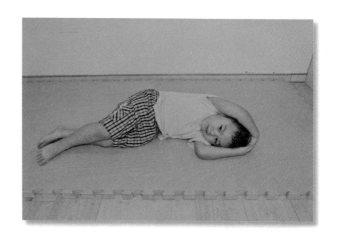

小叮嚀

若孩子尚無法翻動，則照顧者可使用雙手略推動孩子身體，讓幼兒順勢滾動。

7 做一個「會愛」又 「會教」的父母

當父母能掌握愛與尊重的尺度，
養成捨得與等待的耐力，
必能成為一位會愛又會教的父母。

小媛的父母皆是高知識分子，工作相當忙碌，自出生後即接受外公、外婆的照顧。從公家單位退休的外公相當重視孫女的教育，不僅經常與孫女對話，每天也會為她講故事。為捨不得讓媛媛走路，還抱著三歲半的孫女一邊逛街一邊享受充滿著貽弄孫的滿足感，左右鄰居看到林爺爺疼愛孫女的舉動，皆豎起大拇指稱讚林爺爺是新好男人。在外公、外婆的眼中，寶貝孫女能言善道、聰明伶俐，真是兩老的心肝寶貝。兩個月前爸爸、媽媽為讓剛滿月的妹妹也受到外公、外婆的照顧，於是讓媛媛到幼兒園就讀。

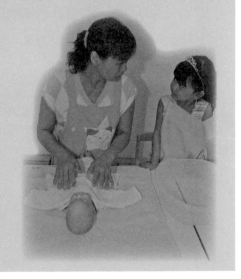

媛媛入園後，便經常出現吸吮手指、咬指甲的行為。媽媽覺得媛媛在家中得到外公、外婆、父母「豐富的愛」，吸吮手指、咬指甲的行為不應該是家中妹妹出生而引發的問題，應該是園所老師對孩子關注不夠而造成媛媛的行為問題。甚至媛媛在學校發生作

弄同學的情形，媽媽也認為自己的孩子聰明絕頂，是園所的孩子沒有幽默感，認知能力與媛媛不相當，所以不能理解媛媛「開玩笑」的舉動；該檢討的是「開不起」玩笑的孩子，而不是媛媛必須為自己的行為負責，當然沒有必要向受到驚嚇的同學道歉，也不必調整對待同學的態度。

　　現代父母多數在威權的環境中成長，受到打罵的教育居多。當了父母後，因為汲取了許多的教養資訊，再加上不愉快的童年經驗，因此希望採用「愛」、「尊重」與「傾聽」的教養方式，同理孩子的需求，和孩子建立親密的親子關係。但在拋棄威權和體罰的方式後，往往不能適當掌握「愛」與「尊重」的尺度，而導致過度溺愛孩子。

　　上述案例中的母親心態正符合了美國臨床心理學家瑪姬‧瑪曼（Maggie Mamen, 2005）《被寵溺兒童症候群》（*The Pampered Child Syndrome*）一書所提出「寵父母」現象；以孩子為中心、讓他們有求必應，且讓孩子誤以為自己應享有與成人平起平坐的權利，卻沒準備要接受義務與責任。換句話說：「寵父母對孩子的願望有求必應，並擔心拒絕孩子會傷害孩子的自尊，因此避免為孩子設立界限，幾乎不談責任、道德與價值感，唯恐造成孩子不快樂的情緒或壓力的來源。」

　　比方說：孩子在幼兒園與同儕產生衝突，造成對方受到擦撞傷。當老師向動手孩子的父母婉轉說明事件始末以及處理的方式後，媽媽除了感謝老師安撫兒子的情緒外，並提出「同意讓兒子協助受傷的同學冰敷，但是道歉的事情由媽媽來處理」的要求。諸如此類的教養態度，在一般人的眼中或許只是過度疼愛孩子，

但是實質上卻剝奪幼兒學習挫折容忍力的機會，也對幼兒人格發展造成持久性的傷害，產生性格的偏態。孩子在溺愛中長大，凡事以自我為中心，對於周遭人、事、物毫不關心，絲毫沒有同理別人的能力，無法與他人合作，並認為父母、親人、朋友、同學，甚至沒有關係的第三者，都應該配合他的需求，以他的意願和喜好為優先。如果無法配合他，極容易引起他的情緒反彈、口語的攻擊或侵犯的行為。

父母對於「愛」與「尊重」的規準為何呢？又該如何拿捏呢？下列三個重點，將提供父母們明確的教養方針：

一、「愛」與「紀律」

父母對孩子的愛不容置疑。但是適當的愛除了提供正常養育行為之外，仍能擁有適當管教功能。進一步來說，父母必須將幼兒視為獨立的個體，做法上卻須具督導的能力。獨立的個體，必然對於生活事務有其自主性，雖然學齡前的幼兒是在父母的保護下生長，但是仍然擁有與其生活相關，食、衣、住、行的選擇權與決定權。例如：孩子在父母限定的三套衣服中選擇一套做為外出服。從家裡準備的食物中，選擇多吃或吃少，甚至可以不吃，但是有效的做法是在兩餐之間並未提供任何額外的食物或零食。也就是說，在限定的範圍（界線）內，讓孩子有其自主與選擇的機會，其次堅持規範的界限，認真執行規範的準則，即能達到「愛」與「紀律」的平衡點。

二、「放手」讓孩子自己做

由於受到電視媒體與父母親教養觀念的影響，現代孩子大都具有很好的語言能力，但是手眼協調的能力就顯得無法跟上語言發展的腳步，以致出現茶來伸手、飯來張口的問題，長大後也容易衍生出眼高手低的窘境。解決這個問題的法門無他，唯有父母願意「放手」，釋出孩子的自主權，讓孩子能透過動手操作、身體力行，來滿足自我需求。舉凡揹書包、穿脫衣物、盛

飯、收拾碗筷、整理物品等，只要是孩子能做、會做的事情，皆讓孩子自行完成。如此一來，既能培養孩子獨立自主的能力，亦能養成負責任的生活態度。令父母感到困擾的是「趕時間」與「幼兒拖拖拉拉」的舉動，常讓父母放棄既定的原則，產生不耐煩的情緒而動手幫幼兒將所有的事情一手包辦到底。父母為避免不必要的協助，除時間管理與事先規劃外，另外一次只要求一件事情，並讓孩子養成動手的習慣性，都是有效的策略。

三、「捨得」與「等待」

　　孩子在學習獨立的過程，難免有挫折、停頓或困難。父母必須放下「捨不得」的意念，學習用欣賞者的角度等待孩子的發展，深信每一次的嘗試與練習皆是孩子儲備成長的能量，如同蝴蝶必須破繭而出，才能穿上彩衣自由穿梭於花叢間吸取甜美的花蜜。例如：孩子吃力的翻身練習，是為奠定雙側協調、自如移動、起身行走的動作技巧，更間接預備了書寫文字、認知學習的基礎。孩子學步時的跌跌撞撞，正是長大後面對競爭社會的寫照；孩子在此時學習跌倒了自己站起來，將來才有面對失敗、檢討缺失、迎向成功的勇氣。因為「勇氣」無法透過語言、偉人故事、教導而生，父母期盼孩子勇敢、堅強、努力不懈之前，必須先練習「捨得」與「等待」的耐力，才能為幼兒建立學習的典範。

你可以這樣做 1：掃的工作

工作材料

　　小掃把一把、小畚斗、罐子、半罐紙團、托盤一只、在地板一隅用色膠帶貼出邊長十二～十五公分正方格、地墊兩片。

工作目的

直接目的：培養專注力、動作協調、獨立性、秩序感。

間接目的：

1. 學習照顧環境的能力。

2. 精進手指、手腕、全臂的能力。

3. 學習掃地的技巧和能力。

4. 培養環境衛生、清潔。

5. 培養寫、讀、算的能力。

適用年齡

兩歲半以上。

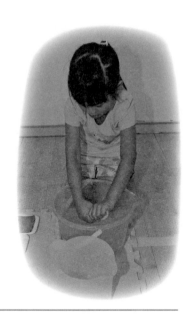

工作流程

1. 在正方格旁鋪上地墊。

2. 端出放置小掃把、小畚斗、紙團罐的托盤。

3. 打開旋轉蓋，將紙團散撒在格子周圍。

4. 將蓋子及罐子分別放置在托盤上。

5. 拿起小掃把，將紙團集中掃入方格內。

6. 將集中的紙團掃入小畚斗。

7. 將小掃把放回托盤內。

8. 一手扶住罐子，把小畚斗內的紙團倒回罐子內。

9. 轉回蓋子。

10. 將托盤端回原處。

變化延伸

1. 將方格貼在托盤內，更換成桌上型小掃把，在桌面上操作。

2. 改換不同的內容物（例如：米粒、豆類等）。

3. 運用於日常生活實際練習。

你可以這樣做2：擦拭樹葉

工作材料

盆栽、化妝棉、化妝棉罐、兩個容器、托盤。

工作目的

直接目的：培養專注力、動作協調、獨立、秩序性。

間接目的：

1. 學習照顧環境的能力。

2. 精進手指、手腕、全臂的能力。

3. 學習擦葉子的技巧和能力。

4. 培養環境衛生、清潔。

5. 學習愛護植物。

6. 瞭解植物需要呼吸。

7. 培養寫、讀、算的能力。

適用年齡

三歲以上。

● 工作流程

1. 端出放置化妝棉罐、兩個容器的托盤，放置於桌面上。

2. 從室內端取一株植物放置於桌面上，托盤右側。

3. 取出托盤內左側容器，到取水區取半罐水。

4. 取出一片化妝棉，放入水中沾濕略擰乾。

5. 一手托住葉片，另一手使用化妝棉由左到右、由上至下擦拭葉片。

6. 化妝棉上面有污垢，放回水中清洗擰乾，重複使用。

7. 同一片化妝棉使用數次後，放到托盤內右側的容器內丟棄。

8. 拿取新的化妝棉擦拭樹葉，直到擦拭完畢。

9. 分別將容器內的水及使用後的化妝棉倒掉。

10. 收拾用具放回托盤內，將托盤端回原處。

11. 將盆栽歸位。

12. 洗淨雙手。

變化延伸

1. 將擦拭物品更換成棉球。

2. 中大型植物，先使用噴水器將植物噴濕，再使用海綿擦拭。

你可以這樣做 3：摺方巾（大正方形摺成小正方形）

工作材料

邊長三十公分方巾一條，以有色的線在摺線處縫出一條控制線（十字形）、托盤或盒子（DIY 材料：購買市面上小方巾，使用簽字筆畫出控制線）。

工作目的

直接目的：培養專注力、動作協調、獨立、秩序性。

間接目的：

1. 學習照顧自己的能力。

2. 精進手指的能力。

3. 精進摺的能力。

4. 培養寫、讀、算的能力。

適用年齡

三歲以上。

工作流程

1. 端出放置方巾的托盤，放置於桌面上。

2. 取出方巾放置於桌面上。

3. 一手壓住方巾，一手將方巾由上到下做出撫平動作。

4. 左手呈虎口狀壓住方巾縫線左側，將右手的食指與大拇指合併，由左到右沿中間線描畫

一次（讓孩子感受摺線的線段）。

5. 雙手抓住方巾上方的兩個角，慢慢拉起，將方巾由上往下對摺，對齊邊與角。呈現出長形方巾。

6. 左手呈虎口狀壓住方巾左側，右手由左到右壓劃過摺線，將對摺處撫平。

7. 將長形方巾以由左至右方向，如同上述步驟摺成小正方形。

8. 採和摺疊相反的方向打開方巾。

變化延伸

1. 摺疊衣物。

2. 摺紙活動。

8 請不要責備我，讓我知道怎麼做！

面對孩子「講也講不聽、說也說不來」時，請改以示範動作、練習過程、養成習慣三步驟回應孩子。

秀麗是一位專職媽媽，經常利用住家附近的公共設施擴展孩子的活動範圍，舉凡圖書館、社區公園、大樓中庭的遊樂區等，皆是四歲小偉的遊樂天堂。孩子玩得快樂，母親也有喘息的空間，何樂而不為呢？但是小偉「粗枝大葉」的行為，常常讓媽媽感到難堪，例如：在圖書館大聲喧嘩、樓梯間橫衝直撞、公園遊樂場裡推擠小朋友、把電梯按鈕當電視遊樂器使用。另外，媽媽因為怕孩子拿剪刀發生危險，因此不讓小偉使用剪刀，小偉憤而將書本撕毀，造成母子間更大的衝突。

這種種脫序的行為，秀麗經常「耳提面命」，出門前一再叮嚀、一再囑咐小偉要「遵守規矩」、「要聽話喔！」，才帶他出門。小偉也點頭如搗蒜的允諾母親的告誡，但是到了現場往往故態復萌，一發不可收拾。

當母親以口語預告孩子需遵守的規範時，他們當下確實能理解規範，但是幼兒的「知道總是早於做得到」。況且學齡前幼兒的認知發展尚處於自我中心期，他們以自己的感覺、所見、

所聞為依據,以自己喜好為依歸,還不太會站在別人角度思考問題。對孩子而言,只要能玩、好玩的,皆義無反顧投入其中,很少能顧及社會規範或在公共空間中與他人互動的禮節。

所幸,學齡前幼兒的學習尚以動作發展以及雙手的操作為主,當父母面對幼兒脫序的問題或需求「講也講不聽、說也說不來」時,請改以示範動作、練習過程、養成習慣三步驟來回應孩子。例如:使用剪刀是一位四歲孩子發展精細動作與手眼協調的正常需求,若一味加以禁止,只會給孩子帶來更多挫折與習得的無助感,並且產生錯誤的保護作用。身為照顧者,要教導幼兒面對危險或困境時,學習處理問題的方法,而非將孩子置於保護的溫室中。

以下活動將詳細說明活動目標、活動過程與延伸活動,來引導照顧者教導孩子知道怎麼保護自己的安全,同時身體力行遵守社會規範,打造循規蹈矩的新好兒童。

1. 行的安全

你可以這樣做 1:輕聲慢走

目　的

養成輕聲慢走的好習慣。

活動過程

1. 示範者說明輕聲慢走的方式：(1)不奔跑；(2)不發出聲響。

2. 示範「輕聲慢走」。

3. 邀請幼兒示範或練習。

你可以這樣做 2：繞過桌椅行走

目　的

能確實執行「繞過物品行走」的規則。

活動過程

1. 在室內較寬敞處隨意擺放數張桌椅。

2. 訂出起點以及終點。

3. 成人示範從起點出發，繞過桌椅走到終點。

4. 邀請幼兒練習。

5. 逐漸將走道距離縮小，並增加難度。

延伸活動

讓幼兒到公共場所練習行的安全。

2. 進出環境的安全

你可以這樣做 1：示範如何上下樓梯（兩位成人）

目　的

　　知道居家安全規則，並能明確遵守。

活動過程

　　1. 示範者走到樓梯前。

　　2. 示範（靠右邊）一步一階，按序緩慢走上樓梯。

　　3. 接著示範按序慢慢走下樓梯。

你可以這樣做 2：上下樓梯禮儀（兩位成人）

目　的

　　瞭解上下樓梯及進出電梯的規範，並能確實執行。

活動過程

　　1. A 示範者上樓梯，走到一半。

　　2. B 示範者跨步快跑上樓梯，擦撞到示範者 A。

　　5. A 示範者：「請靠右邊慢慢走。」

6. B 示範者：「對不起，我會靠右邊慢慢走。」

7. A 示範者：「走樓梯時請不要推擠別人，這樣很危險！」

8. B 示範者：「我們可以一起手牽手嗎？」

9. A 示範者：「上下樓梯不可以和同伴手牽手，會有危險喔！」

10. B 示範者：「可以和爸爸、媽媽手牽手上樓梯嗎？」

11. A 示範者：「可以啊！」

 **你可以這樣做 3：老師示範如何進出電梯**

目　的

養成進出居家環境注意安全的好習慣。

活動過程

1. 成人先解說電梯箭頭▲（上）▼（下）代表的意義。

2. 帶著孩子走到電梯前，說出欲前往的樓層。例如：五樓。

3. 請幼兒按上樓鍵。

4. 電梯門打開後，進入電梯再按下「5」的數字鍵。

5. 等所有人進入電梯後再按下關門的開關。

6. 安靜站在電梯內安靜等待電梯到達五樓。

7. 待電梯打開門後再依序走出電梯外。

延伸活動

利用住家附近的公共設施讓幼兒練習安全的上下樓梯及進出電梯。

3. 遊戲的安全

你可以這樣做 1：師示範如何使用遊戲區(攀爬架)

目　的

培養正確使用遊戲區的規範。

活動過程

1. 三位成人依序走到攀爬架前面排
   隊，接著攀爬繩網到平臺上，再走
   過吊橋，到另一側平臺前。

2. 第一位站在平臺前端，先半蹲再向
   下跳躍至海綿墊上。

3. 第二位等待海綿墊上的示範者起身
   離開後，再進行跳躍的動作。

延伸活動

1. 與孩子討論遊戲區的規範並製作「遊戲規則表」。

2. 讓幼兒輪流擔任小糾察員，引導同伴進行攀爬架的活動，並督導同伴遵守遊戲區規則。

你可以這樣做2：如何使用剪刀

目　的

能確實執行「使用剪刀」的工作規則。

教　具

安全小剪刀一把、粉彩紙裁剪成長十公分、寬一公分的紙條、放置紙條容器一個、寬面平底容器一只、托盤一個。

☛活動提示

1. 示範者端取教具盤放到桌面上。

2. 邀請幼兒幼兒坐在示範者左側。

3. 示範者取出剪刀示範連續開、合的動作。

4. 邀請幼兒練習。

5. 請幼兒拿取紙條兩端，與示範者面對面。

6. 示範者使用剪刀以開合的動作剪斷紙條。

7. 幼兒將剪斷紙條的放入容器中。

8. 換示範者拿取紙條兩端，讓幼兒練習使用剪斷紙條。

9. 示範者以非慣用手拿紙條，使用慣用手握拿剪刀，剪斷紙條於容器中。

10. 邀請幼兒練習。

延伸活動

　　遊戲區設置「剪直線」、「剪曲線」、「剪窗花」等工作。

9 手足情深或競爭

家中的老二誕生了,
如何面對老大的情緒?
調整照顧寶寶的方式,
就能將手足競爭的阻力
化為手足情深的助力!

方方和圓圓是一對相差三歲的兄妹。媽媽在圓圓出生前,將方方從南部阿嬤家帶回臺北就讀幼兒園。待媽媽坐完月子,就換圓圓到南部,讓阿公阿嬤照顧。

方方是長孫,備受阿公阿嬤寵愛是必然,更受到父親高度的期待與要求。從出生到五歲,方方皆在眾人的注目下成長。直到兩歲大的妹妹也回到臺北的家,眾人才將焦點轉移到有雙烏黑、明亮靈活大眼睛,帶著甜甜誘人笑容,可愛極了的圓圓身上。

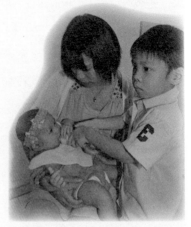

方方才剛逃離「鎂光燈的照射」,卻馬上跌入「酸甜苦辣」的醬汁中,但是這樣的轉換很微妙又無法言喻,沒有人察覺這些變化。

孩子這樣想:「雖然妹妹回來了,有人一起玩,就不會那麼無聊了,爸爸、媽媽也不會那麼嚴厲要求我每天寫注音符號或拼音了!爸爸每天回家就先去抱妹妹,陪妹妹

玩，又要我自己玩或自己看書。媽媽也會餵妹妹吃飯，卻要求我要自己把飯吃完。這一切都是因為我是哥哥，如果我不是哥哥，當弟弟就好了！我很不高興、很生氣，我也要像圓圓一樣，我也不會自己吃飯，什麼事都用哭的，就會有人幫我、安慰我了！可是媽媽說：「我是哥哥，不應該學妹妹。」爸爸也說：「我是哥哥，應該要讓妹妹！」很不公平耶！為什麼爸爸、媽媽和以前不一樣了！我不喜歡妹妹，好希望她沒有生出來就好了！

接納孩子的情緒

當孩子出現嫉妒、吃醋、比較的心態時，父母習慣以指責的口吻：「你是哥哥要讓妹妹，妹妹還小，還不懂事啊！」父母親的傳統價值觀認為「孔融讓梨」是一種優良的品德，長子更應該培養這種美德，並藉著生活隨機教育傳達教養觀。殊不知父母親不出口要求老大要禮讓幼小弟妹，或許兩位孩子的爭執只是一時的摩擦，當父母介入後，老大失落、挫折、受傷的情緒，將擴大兄妹之間的嫌隙與怨恨心，吃醋、嫉妒、比較的心態就衍生成大、小不斷的戰火。

在老大的心裡，「弟妹和我是同一輩分的個體，自己只是早生幾年，甚至只有幾分鐘，怎麼會因為時間的差距，就造成權利與寵愛受損呢？實在太不公平了，一定是父母偏心，比較喜歡弟弟或妹妹，不喜歡我啦！」孩子幼小的心靈出現了自我推測的結果，成為其所認定的真相，但往往與事實相反。

讓孩子和自己站在同一陣線

為人父母兩難之處在於要照顧幼小的孩子，又要關注老大的情緒，甚至認知學習的壓力，難免對老大有較高的期待，期待孩子能「自己玩」「自己學習」「不要影響照顧老二的時

間」。在瞭解老大的想法與情緒之後，父母親應該調整自己的步調和做法，讓孩子和自己站在同一陣線，一起照顧老二。例如：邀請老大協助拿取尿布、奶瓶，並示範如何幫嬰兒換尿布及餵食牛奶。再適時安排老大練習幫老二解開衣物、打開尿布、抽換尿布、黏貼尿片、丟放尿布、握拿奶瓶等工作。

肯定孩子的付出

老大完成工作後馬上給予讚賞：「謝謝你幫媽媽一起照顧妹妹。你會幫妹妹換尿布耶！也會幫忙餵牛奶，真是好幫手！」母親若行有餘力，接著表示：「因為有你的幫忙，媽媽就不會太累，等一下妹妹睡著後，我們一起看故事書喔！」

將阻力化為助力

母親與老大一起合作照顧老二的過程，對母親而言是舉手之勞，將照顧老二的步調放慢，讓老大一起參與。但是對孩子而言，其意義迥然不同。對幼兒而言，是一種「在同一國裡面」被接納、認同與肯定的感受。從學習的角度來看，孩子透過動手操作，發展動作技能、提升語言溝通能力、紓解情緒壓力。在參與照顧幼小的過程，如同置身混齡環境中具促進社會化功能，更有親子互動的效果。聰明的父母們只要調整照顧嬰幼兒的方式，必擁有將手足競爭的阻力化為手足情深的助力。

你可以這樣做 1：照顧高手

地　　點

約離地面五十公分的高臺或床上。

材　　料

尿布墊、乾淨尿布、垃圾桶。

活動過程

1. 引導幼兒（哥哥或姊姊）到洗手臺洗手。

2. 邀請幼兒到尿布櫃拿取一片尿布，放置到尿布更換處。

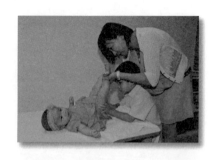

3. 母親將嬰兒放置尿布臺上，並預告換尿布事宜，說：「寶寶的尿布濕了，媽媽和哥哥一起幫你換尿布喔！」

4. 照顧者動作緩慢褪下孩子褲子，並告訴嬰兒：「媽媽幫你把褲子脫下來！」

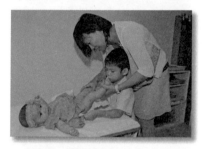

5. 邀請哥哥協助妹妹解開尿布，同時說：「現在哥哥幫你解開尿布！」

6. 照顧者將嬰兒雙腳輕輕抬起並說：「請把腳抬起來！」

7. 請哥哥將妹妹的尿布抽離，先放置地面。

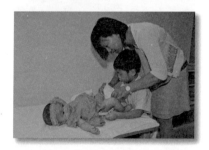

8. 再請哥哥打開尿布並鋪放好，說：「哥哥幫妹妹放好尿布囉！」

9. 照顧者將嬰兒雙腳輕放回乾淨的尿布上面，說：「媽媽讓寶寶的腳放在尿布上。」

10. 母親先示範如何包尿布，接著邀請幼兒練習，說：「先拉好尿布，黏好左邊再黏上右邊的膠帶，就包好了！」

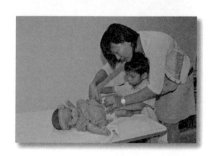

11. 完成活動後，將嬰兒放回小床。

12. 照顧者拿出換下的尿布，示範捲收尿布的方法。

13. 請幼兒拿到垃圾桶丟棄。

14. 要求幼兒到洗手臺洗手。

你可以這樣做 2：超級奶媽

地　　點

搖椅或沙發椅一張。

材　　料

桌子一張、奶瓶、外出型奶粉罐一只，且放入足夠沖泡一次的奶粉量。

活動過程

1. 引導幼兒（哥哥或姊姊）到洗手臺洗手。

2. 照顧者將適合沖泡奶粉溫度的水量放入奶瓶中。

3. 邀請哥哥打開奶粉罐，將奶粉倒入奶瓶中，並轉緊瓶蓋（如圖 1）。

4. 母親先示範左右旋轉沖泡牛奶，並請幼兒練習（如圖 2）。

5. 抱起嬰兒坐到沙發上，並預告嬰兒：「寶寶肚子餓了，媽媽和哥哥一起幫你泡好牛奶了！」

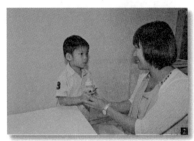

6. 母親先示範餵奶的動作（如圖3）。

7. 母親先預告奶水必須充滿奶嘴。

8. 再請哥哥拿握奶瓶餵奶（如圖4）。

9. 完成餵食後，邀請幼兒觀察媽媽拍打嬰兒協助排氣的動作。

10. 母親帶著幼兒一起將嬰兒放回嬰兒床。

11. 請幼兒收拾奶瓶放到水槽。

12. 示範清洗奶瓶的工作，並邀請孩子練習。

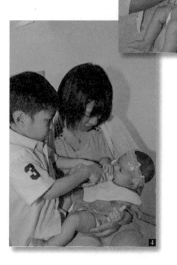

你可以這樣做3：親子共讀樂

地　　點

家中舒適的一角。

材　　料

　　繪本──《沒人問我要不要小妹妹》。

活動過程

1. 媽媽和孩子坐在家中舒適的一角，拿出繪本後，先介紹書名、作者和出版社。

2. 接著透過文字和看圖說故事。

3. 故事大意是：「哥哥常聽到旁人讚美初生的妹妹可愛、漂亮，心中非常不平衡，於是下定決心將妹妹送人。歷經幾次拒絕後，終於找到願意接受妹妹的家庭。可是妹妹哭鬧不停，原來是要找哥哥。哥哥發現妹妹這麼聰明，決定帶回妹妹，並期待妹妹長大後可以和自己玩。」

4. 講完故事後，和孩子一起回顧故事人物、時間、地點、事件及原因。

5. 從回顧故事的內容中，母親乘機舉例說明：「別人讚美妹妹，並不是否認哥哥」、「哥哥小時候也常受到別人的讚美，只是現在別人的讚美會轉移到哥哥對妹妹的照顧和友愛」、「妹妹雖然很小不會講話，但是她會感受到哥哥的疼愛，並在長大後成為哥哥最好的玩伴」等內容。

小叮嚀

繪本的功能並非說教的工具，而是潛移默化以及親子談心交流的最佳橋梁。

10 讚美是毒藥 還是良藥

過多和不當讚美的言詞與全然關愛的眼神，
造成幼兒生活在王子與公主式的服侍規格中，
產生虛擬的世界。

美美才從國小特教老師的工作崗位退休下來，馬上成為剛出生小孫女的專業保母。角色上的轉換讓她過著退而不休的生活，不僅有優渥的生活，也有學以致用的滿足感。帶著孫女上潛能開發、律動、音樂等課程的時間過得很快，一轉眼小孫女快滿四歲了，聰明、可愛又喜歡和奶奶黏膩在一起，甚至到公園遊樂場玩，看到奶奶和別人講話、聊天也會吃醋；經常打斷美美與他人的互動，要求奶奶陪她或看她溜滑梯、騎搖搖馬等活動。起先美美覺得小孫女這麼喜歡自己，真有如獲至寶的感覺，感謝老天爺賜給她一位貼心的小孫女。

但是日子久了，慢慢感到孫女的行為對別人而言，是一種不禮貌的態度，並且阻礙了自己的人際互動關係。考量一段時間後，告訴孫女：「到公園的時候，你和小朋友一起溜滑梯、騎搖搖馬、撿樹葉、玩扮家家酒。奶奶一邊看你玩，一邊和朋友講話。如果只陪你玩，奶奶會沒有朋友喔！」雖然講了很多次，但是未見改善的痕跡，不免懷疑孫女的占有慾是否有過度的傾向。

孩子的表現，往往是成人行為的結果。一位具愛心與耐心的照顧者，往往是父母夢寐以求的對象，但是如果愛心與耐心運用不當，就應了「愛之適足以害之」的結果。照顧者如果將幼兒教育當成是接受與灌輸，不時將學習的焦點放在認知行為，再加上不斷運用讚美的增強策略，更使得幼兒容易沈溺在別人讚美的掌聲中，而無法自我肯定，也不會有主動學習的動機，更令人擔心的是，日積月累的結果，形成孩子偏態的性格，影響人際互動關係，缺乏面對挫折的勇氣與信心。

　　這一代的父母樂於吸收育兒知識，也會主動搜尋教養資訊，採用欣賞的態度面對孩子的各項表現。然而過多和不當讚美的言詞與全然關愛的眼神，造成幼兒生活在王子與公主式的服侍規格中，產生虛擬的世界，孩子如同生活在雲端上，與真實人際互動有非常明顯的差距。

讚美要具體且適度

　　成人對幼兒提供肯定、關愛及接納，就是具體且適度的讚美。避免對幼兒提供外在獎賞式的稱讚，而回饋以具有內在動力的「賞識」與「鼓勵」的方式。所謂「賞識」，即是詳細的告訴孩子他做了什麼事。「鼓勵」是讓孩子知道我們很感謝他的舉動，例如：「我看到你把桌子刷洗乾淨，讓桌子看起來既清潔又明亮，也減輕了我的工作量，謝謝你！」具體的讚美讓孩子有成就感與自我價值感，引導孩子發展出自制及自我引導能力。

提升幼兒自我概念

　　建立幼兒自我概念需引導孩子認識「生理我」、「心理我」、「社會我」。「生理我」包含性別、年齡、身高、體重、健康情形等；「心理我」是內在想法、對事物價值觀，包括不被他人或社會接受的部分；「社會我」是指他人對自己的看法、瞭解與評估的部分。每個人對自己的瞭解，除了認識生理的部分，也應同時探索自己內在及社會的眼光，才是完整的自我概念。因此，成人的「賞識」與「鼓勵」正是引導幼兒認識自己的最佳途徑。

鼓勵幼兒追求自我肯定

自我肯定是一種發自內在的滿足與成就。對幼兒而言，成人與環境的影響相當強烈，因此照顧者的作為是左右幼兒自我肯定的關鍵。唯有幼兒能身體力行、自己動手完成各種能力所及的生活事物，才是建立內在的滿足與成就感的開始。換句話說：「成人放手，讓孩子自己動手，最後才能得心應手。」其所產生自我肯定的心理感受是旁人無法輕易動搖或取代的。

活動設計

透過照顧自己、照顧別人與照顧環境的活動內容，提升「生理我」、「心理我」、「社會我」的認識，促進自我肯定的概念。

你可以這樣做 1：擠柳丁汁

教具內容

托盤、柳丁（橫向切開）、有蓋透明容器一個、擠柳丁器、美耐皿容器、茶杯。

工作目的

專注、獨立、協調、秩序、照顧自己、照顧他人。

活動流程

1. 從工作櫃端取教具放置桌面。

2. 打開柳丁盒，將蓋子放置盒子下面。

3. 取出半顆柳丁，放置擠柳丁器上方（如圖 1）。

4. 握住柳丁邊轉動、邊使力邊擠壓出柳丁汁（如圖 2）。

5. 果汁擠出後，將果皮放入美耐皿容器內。

6. 擠完一顆柳丁後，取出蓋子將容器蓋好。

7. 將柳丁汁倒入茶杯（如圖3）。

8. 坐在位子上，端起茶杯喝柳丁汁或請別人喝（如圖4）。

9. 喝完後，拿起擠柳丁器及茶杯到洗手槽清洗。

10. 收拾用具，放回工作櫃。

你可以這樣做 2：刷洗桌子

教具內容

托盤、取水容器（在瓶身三分之二處畫上控制線）、水盆、肥皂盒＋肥皂、容器＋刷子、容器＋海綿、容器＋毛巾、桌子一張、防水墊一張、圍兜一件。

工作目的

專注、獨立、協調、秩序、照顧環境。

活動流程

1. 從懸掛圍兜處取出圍兜穿上。

2. 取出防水墊，鋪放在有髒汙的桌子左側。

3. 從工作櫃端取教具，放置在防水墊左側。

4. 按序排放用具：左側——取水容器、水盆。右側——海綿、肥皂、刷子、毛巾。

5. 一手握住握柄、一手握住瓶身，端起取水容器，到水龍頭接水至控制線處。

6. 將水倒入水盆內，取水容器放回原處（如圖5）。

7. 拿取海綿放入水盆中打濕，再略擠乾。

8. 從桌子上方三分之一處由上向下、由左向右打濕桌面，完成後，將海綿擠乾再放回容器內。

9. 拿起刷子入水沾濕，在水盆上方抖掉多餘水滴（如圖 6）。

10. 將刷子以左右移動方式刷上肥皂（如圖 7）。

11. 在桌面打濕處，以打轉方式由上向下、由左向右刷洗桌面（如圖 8、圖 9）。

12. 重複第 9～11 項動作，直到刷完整個桌面，再將刷子清洗乾淨，放回容器內。

13. 拿起海綿由上向下、由左向右擦拭桌面肥皂泡。

14. 重複第 13 項動作，直到擦乾淨整個桌面，再將海綿清洗乾淨，放回容器內。

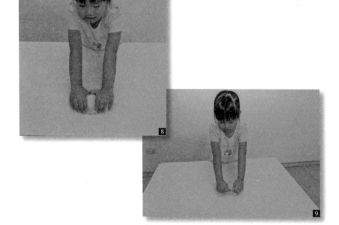

15. 使用乾毛巾由上向下、由左向右擦乾桌面後，放置到衣架上晾乾（如圖 10）。

16. 再從架上取下另一條晾乾的毛巾，摺疊後放置容器內。

17. 使用食指與中指將水盆內側清洗一圈。

18. 端起水盆走到水槽，倒掉汙水。

19. 收拾用具，放入托盤，放回原處。

20. 捲收防水墊，脫下圍兜，掛回懸掛處晾乾。

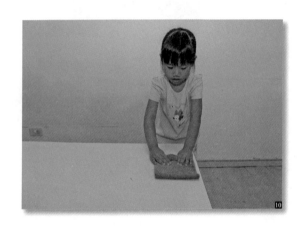

11 戒除摳指甲與吸奶嘴的方法

利用有趣及好玩的遊戲和孩子進行和本體感覺、觸覺相關的遊戲，不僅能滿足幼兒神經系統的需求，更能促進親子關係。

雅雅從小就有摳指甲的問題，雖然曾被父親用棍子打到手指腫脹，疼痛不已，仍然沒有改掉此項毛病。沒想到經過了這麼多年，相同的問題竟然發生在女兒的身上。雖然先生不斷表示女兒是模仿母親的行為，如果太太改不掉這個毛病，至少在小孩面前要能克制。雅雅在理智的驅策下能勉強達到要求，但是女兒仍然有摳指甲的問題，尤其面臨緊張的情緒或無所事事時，更無法停止摳指甲的動作。另外讓雅雅頭痛的是女兒吸奶嘴的問題。雅雅曾經狠下來心一個月不給女兒奶嘴，強迫她戒除此項習慣，卻換來女兒整整一個月持續夜晚驚醒啼哭，雅雅最後只好放棄堅持，讓孩子睡前吸奶嘴，等她熟睡再抽離。

感覺神經系統在每一個人身上皆扮演接收、整合感覺刺激，引發個體做出反應並根據反應的結果和各種回饋的刺激，修正下一次反應及行為。每個個體不同的反應差異，在於神經系統接受刺激及反應量的多寡。例如：有人非常喜愛乘坐雲霄飛車，有人卻避之唯恐不及。

觸覺對人類發展有相當重要的意義，尤其觸覺刺激是嬰兒情緒穩定的重要來源之一。若觸覺刺激被剝奪，其大腦組織功能發展就不完全，容易產生學習與情緒等障礙。故事中的母女，顯然對本體感覺和觸覺的刺激有較高的生理需求，並反應在情緒上。如果要有效處理上述問題，可依下列建議進行輔導：

一、以理性態度接納孩子的行為

故事中的母親對於自己小時候摳指甲被嚴厲處罰的記憶猶新，所以能接納孩子的需求，但是卻以溺愛的態度、寬容的方式接受，反而不能讓孩子正視問題的存在。如能改換以理性、正向態度，重視孩子的情緒需求，母女一起尋求專家的協助，更能達到事半功倍的效果。

二、透過示範及練習，引導孩子表達需求

當孩子想摳指甲時，成人改以開放的態度引導幼兒表達生理的感受，避免採取責罵的態度或禁止的行為，才不至於讓孩子的情緒「地下化」，也不必躲躲藏藏「暗地行動」。透過語言的表達，例如：「我現在很緊張，摳指甲讓我覺得很舒服，比較不緊張。」將問題浮出檯面，並紓解內在情緒，就跨出解決問題的第一步。

三、滿足孩子的生理需求並提供動手操作的機會

利用有趣及好玩的遊戲和孩子進行和本體感覺、觸覺相關的遊戲，不僅能滿足幼兒神經系統的需求，更能促進親子關係。例如：按摩手指關節、指甲兩側、嘴巴周邊肌肉等。另外，在生活上多提供孩子動手操作連續性活動的機會，除了能提升幼兒手眼協調能力，也能促進精細動作的的發展，父母們何樂而不為呢？

你可以這樣做 1：壽司捲、捲、捲

活動目的

　　促進神經系統傳導順暢性、回應觸覺系統的需求、促進其本體感覺與觸覺系統發展、提升前庭系統的適應性。

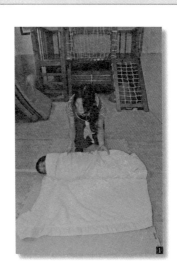

活動器材

　　毛巾被或毛毯一條。

活動流程

1. 將毛巾被鋪放在地墊或床上。

2. 讓幼兒躺在靠近照顧者這一側（如圖1）。

3. 照顧者使用毛巾被將幼兒頸部以下包裹起來，捲成壽司狀，如圖2（幼兒能自行將自己捲起來，則不必協助）。

4. 照顧者在壽司捲上來回捏動，似握緊壽司動作。

5. 最後將毛巾被拉開，孩子隨之翻滾出來（幼兒能自行翻滾出來，則不必協助），如圖3。

6. 一次向右側翻轉，下一次則向左側翻轉。

7. 重複四～六次。視幼兒喜好而增減次數。

133

小叮嚀

若孩子感到不舒服，則馬上停止此項活動。

你可以這樣做 2：炒蘿蔔與包餃子

活動材料

童謠一首（內容：炒蘿蔔、炒蘿蔔，切、切、切。包餃子、包餃子，捏、捏、捏）。

活動流程

1. 先教孩子唸熟童謠內容。

2. 其次邊唸童謠邊做動作。內容如下：

(1)「炒蘿蔔、炒蘿蔔」——照顧者一手握住幼兒手掌，拉直其手臂。另一手掌以炒菜狀，由上向下掃動幼兒手臂（如圖4）。

(2)「切、切、切」——照顧者一手握住幼兒手掌，拉直其手臂。另一手掌以切刀狀，由上向下切碰幼兒手臂（如圖5）。

(3)「包餃子、包餃子」——照顧者雙手握住幼兒手臂，由上向下交互握壓其手臂（如圖6、圖7）。

(4)「捏、捏、捏」——照顧者一手握住幼兒手掌，拉直其手臂。另一手以手指由上向下捏握幼兒手臂（如圖8）。

(5)上述相同的動作，也可以運用在雙腳。

你可以這樣做 3：洗娃娃

活動器材

　　保母考照用娃娃一個、浴巾一條、臉盆兩個、取水容器、水桶、圍兜、嬰兒洗臉用紗布巾一條＋容器、肥皂＋肥皂盒一份、置衣籃一只、乾淨衣物一件。

活動流程

　　1.將上述物品按序排列在長桌上。

上方分別按序放置：圍兜、取水容器、
紗布巾一條＋容器、肥皂＋肥皂盒、置
衣籃等。下方分別按序放置：臉盆兩
個、浴巾（鋪開）、乾淨衣物。

2. 第一個水盆的桌面下放置水桶。

3. 穿上圍兜，端起取水瓶到水槽取水（水
　將滿至控制線即關水龍頭）。

4. 連續取水兩次，分別倒入兩個水盆（如
　圖9）。

5. 將水瓶放回原處。

6. 從娃娃區抱起娃娃放到浴巾上，脫掉衣
　物，覆蓋在娃娃身上（如圖10、圖11）。

7. 將娃娃夾抱在非慣用手腋下，虎口扣握
　住娃娃頸部支撐頭頸。

8. 慣用手拿起紗布巾，放入水盆沾水擰
　乾。

9. 分別使用紗布巾四個角，擦拭娃娃兩眼
　上下眼瞼處。

10. 再將紗布巾放入水中清洗後，由上向
　　下擦拭清洗娃娃臉部。

11. 將娃娃頭髮打濕。手掌沾肥皂泡，清
　　洗頭髮（如圖12）。

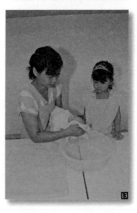

12. 將娃娃抱回毛巾處，拿掉覆蓋的衣物並脫掉尿布。
13. 使用第一盆清水將頭髮清洗乾淨。
14. 拿起紗布巾，將頭髮擦乾（如圖 13）。
15. 將娃娃放入第一盆清水中，手掌沾抹肥皂，清洗其身體、手臂、腋下、生殖器官、雙腿、腳掌等（如圖 14）。

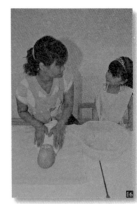

16. 雙手放在娃娃腋下，虎口握住娃娃身體抱起，改放入第二盆清水中（如圖 15）。
17. 使用乾淨清水再清洗一次。
18. 雙手一樣放在娃娃腋下，虎口握住娃娃身體，抱起放在浴巾上面（如圖 16）。
19. 使用浴巾從頭到腳擦拭娃娃身體（如圖 17）。
20. 將擦乾後娃娃抱起放在衣服上面。

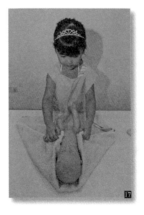

21. 捲縮起一側衣袖，再套入娃娃右臂，左手依序進行（如圖 18）。
22. 再綁扣衣繩或扣上鈕釦。穿戴鞋帽後，將娃娃放回娃娃區。
23. 使用食指及中指繞水盆內水線一圈清洗水盆。
24. 從桌面下拉出水桶，雙手分別握住水盆兩側，將水倒入水桶中。
25. 雙手握住提把，提起水桶到水槽將水倒掉。
26. 接著把水桶放到第二個水盆下，將水盆內的水倒入水桶中，提到水槽倒掉，放回原處，即完成工作。

12 孩子，媽媽很心疼

成人的過度保護是孩子成長過程中的最大敵人，
一個不會自己動手做的孩子是無法獨立的，
父母的重要任務是全力支持孩子學習動手做。

　　美珍心中有一個疑惑，一直無法解開。她是一位全職家庭主婦，對唯一的獨子照顧得無微不至。平常孩子上學，中午若家族聚會，只要到高檔餐廳用餐，她一定打包一份上等海鮮，馬上送到園所，當場看著孩子吃掉。孩子去戶外活動，深怕孩子太勞累，除了全程幫孩子背背包和用具外，只要孩子一流汗，她一定馬上上前幫孩子擦拭，唯恐寶貝吹風著涼。但是，為什麼孩子還是容易生病、發燒呢？甚至只要是腸病毒的傳染高峰期，他無一倖免，一定是中獎名單之一。讓她相當痛心的是，這麼用心付出，孩子還長得比同年齡瘦小，真是百思不得其解……

生活自理經驗是知行合一的練習

　　《天下雜誌教育專刊——關鍵能力》一書指出，培養孩子面對未來的關鍵能力有四大要項，分別是學習知的能力（leaming to know）、學習動手做（leaming to do）、學習與他人相處（leaming to live together）、學習自我實現（leaming to be）。這些內容看似簡單，但是在實

踐面的部分卻是要父母及照顧者能真正放手，不要有過度的保護，才能讓孩子在日常生活中逐步養成這些能力。

學前幼兒的各項發展與學習，其最直接的方法就是透過身體感官與環境產生認知學習的互動。經由身體的視覺、聽覺、味覺、嗅覺與觸覺，接受周遭人、事、物的刺激，而產生的回饋與反應，就展開了學習之旅。

不要小看幼兒為自己擦拭汗水與提背重物的舉動，對孩子其實有重大的影響。背提的過程，孩子明顯感受何者為輕？何者為重？哪一種方式最省力？哪一個方式最簡單？不要輕忽孩子對這些事物的判斷，因為這就是將來數學課程的基礎。也不要以為孩子早就知道輕重概念，不需要學習了，俗話說：「一回生、二回熟」，熟能生巧，智慧就從磨練中來。

從學習動手做的角度來看，孩子上課的用具、書包皆由別人代勞，恐怕父母不是幫孩子提重物，而是剝奪其最基本的自我照顧能力。因為動手做的基礎，並非只有寫功課或進行才藝課程，而是在日常生活中，透過練習生活自理點點滴滴的經驗，不斷累積粗大動作、精細動作、手眼協調等能力，以及自我肯定和挫折容忍力。

當一個人能自我肯定，能認識自己的優、缺點，有內在成就感，才能有正向情緒，使用合宜的語言與他人產生良好

的互動關係，達到和諧相處。

在成人的眼中，自我實現是目標、理想的達成，但是在幼兒的角度卻是知行合一的實踐過程。孩子的每一次自我照顧、生活自理的經驗，皆是重要的知行合一練習，這些練習的累積，最後成為自我實現的基石。而且孩子成長最大的敵人就是過度保護。一個不會自己動手的孩子，連細胞都處在怠惰的狀態。因此，父母的愛不應該表現在剝奪孩子獨立的機會或捨不得孩子勞累的事件上，應該全力支持孩子為自己所有的事件負責。

放手與放心，支援幼兒無障礙的發展

臺北某知名飯店飯店有一道名菜叫炒豆芽，所使用的豆芽胖到裡面可以塞肉。養育這肥美的豆芽是需要專業種植的，當撒下種子之後，照顧的人員會在上面蓋上一層玻璃墊或投影片當重物，所以當種子蹦出來的第一個時間，就碰到壓力，它必須告訴自己，我要讓自己的臂膀肥厚才能夠舉起這個重物。「壓力是成長的開始」，肥美的豆芽菜，是經過逆境中成長出來的，孩子何嘗不是如此呢？

網球高手詹詠然在 2007 年世界網球排名第八；2010 年美國網球公開賽女子雙打，目前進入了四強賽。她曾經一舉拿下十萬美元的海碩盃雙打冠軍。IQ 高達 138，她仍每天練球六個半小時，每天至少打一千顆網球，持續十年。靠著三百六十五萬顆網球累積而來的訓練，讓她說出：「苦練不只是看得見的技術，還有看不見的心理素質。因為世界排名前一百名的種子球員，其實球技差不了多少，但第一名和第一百名的差別，是他們心理素質的不同。」心理素質全由汗水、淚水、挫折中走出來。由此可見，孩子的成就，皆因明智父母的放手與放心，才能支持幼兒無礙的發展。請切記詹詠然的信念：「力量來自渴望，成功來自堅持。」

你可以這樣做 1：摺疊手帕

活動目的

專注、獨立、協調、秩序、促進自我照顧能力。

活動材料

正方形素面手帕一條＋托盤一只。

活動流程

1. 拿出手帕放到桌面。

2. 雙手由中間向左右兩側撫平手帕。

3. 雙手分別握住手帕下端的兩個角。由下向上對齊左、右兩角。

4. 左手壓住左上方，右手掌由左向右，撫平褶線。

5. 再重複上述第 3 及第 4 項動作，摺成長條形。

6. 再將左側邊角向右側兩角對齊。

7. 右手壓住右側，右手掌由上向下，撫平褶線。

8. 再重複上述第 6 及第 7 項動作，摺成正方形。

教養密碼 優秀孩子是這樣教出來的

你可以這樣做 2：擤鼻涕

活動目的

　　專注、獨立、協調、秩序、促進自我照顧能力。

活動材料

　　抽取式衛生紙。

☛活動流程

1. 抽取一張衛生紙，放置桌面上。

2. 雙手分別握住衛生紙下端的兩個角，由下向上對齊左、右兩角。

3. 左手壓住左上方，右手掌由左向右撫平褶線，摺成長條形。

4. 將摺好的衛生紙摀住鼻孔。

5. 先壓住一側鼻孔，用力將鼻涕擤出來，再換另一側。

6. 將衛生紙左右對摺後丟入垃圾桶。

7. 到洗手臺洗手。

142

13 嶄新的一年、嶄新的學習

過年期間，除了吃喝玩樂，
何妨設計符合節慶意義的感統活動，
讓孩子玩出能力、玩出學習力。

過了歡樂的聖誕節，緊接著又到了歲末年終的時節，雖然過年是每個孩子最開心的日子，卻也是每位家庭主婦最忙碌的日子。每到了農曆新年，除了要利用空閒時間逐一仔細打掃屋裡屋外，還要事前規劃過年期間家族團聚的菜單，並事前採購應景用品。

這些事務雖然辛苦，卻還難不倒手腳俐落的家宜。讓她相當頭痛的是家族團聚，上上下下共有十幾位孩子，玩在一起就如同娃娃兵團出動，無人可指揮。是否有什麼活動可讓幼兒和兒童們一起進行，既好玩又有意義呢？

經過專業設計後的主題式感統活動，就是一項既能符合節慶意義又能讓孩子們玩出能力、玩出學習力的活動。下列將以「過年」為主題，結合各項目的，呈現一系列活動。

活動目的

1. 促進語言發展。
2. 發展序數及數量概念。

143

3. 瞭解過年節慶的由來及意義。

4. 提升粗大動作能力。

5. 提升精細動作能力。

暖身活動：講述《十二生肖的故事》

材　　料

十二生肖的故事繪本。

☛活動提示

講述《十二生肖的故事》繪本。

故事重點如下：

　　很久很久以前，人們總是忘記自己在哪一年出生，也算不清自己究竟幾歲了！玉皇大帝認為記住出生的年分太難，記動物的名字就簡單多了，便想出用十二種動物來代表年分的方法，於是舉辦「選拔十二生肖」的比賽。動物們為了獲選，紛紛想出各種辦法奮力渡河。其中不乏利用、陷害別人的方式，但是也有採取通力合作的好行為。最後，獲得入選的名次分別為：「一鼠、二牛、三虎、四兔、五龍、六

蛇、七馬、八羊、九猴、十雞、十一狗、十二豬。」

小叮嚀

1. 印製十二生肖動物圖卡，分別黏貼在紙扇上面。

2. 召集幼兒圍坐成馬蹄形，將動物紙扇隨機分發給幼兒，當故事講到某種動物時，該名幼兒即拿出紙扇搖動數下，隨即以該種動物移動的方式，出列到團體前，增加故事趣味性及戲劇效果。

3. 講述故事後，採用故事接龍或故事問答的方式和孩子一起複習故事重點，做為下列活動的預備知識。

前庭覺活動：「搖搖船」

材 料

毛巾被、木馬、軟墊。

場地布置

活動區一角鋪上軟墊，上面放置木馬玩具。將毛巾被鋪放在另一角的地面上。

☛活動提示

1. 告訴幼兒：「動物紛紛採用不同方式渡河，都

想要爭取前十二名，成為十二生肖。」小朋友們也可以利用木馬及毛巾船渡河喔！

2. 幼兒騎木馬十下。

3. 幼兒躺在毛巾被上面，兩位成人分別抓起毛巾被兩側，將幼兒左右輕輕擺動十下。

 **小叮嚀**

1. 幼兒人數超過六位，即可依年齡、體重或身高等條件，分成木馬組和毛巾組交互進行活動。

2. 要求幼兒站在軟墊以外的區域排隊，避免發生危險。

3. 幼兒若感到頭暈，有嘔吐、臉紅等不適的感覺，要立即讓他停止進行此項活動。

 **本體覺活動：「老實牛」**

材　　料

軟墊數片。

場地布置

依空間大小，將軟墊拼接成適當的長度。

活動提示

1. 告訴幼兒：「老實的牛哥哥載著貓和老鼠渡河，結果被老鼠捷足先登，搶得第一名。」
我們來模仿牛哥哥載老鼠渡河，看看牛哥哥這次會不會得第一名？

2. 請每位幼兒當牛哥哥；兩手撐地、兩腳跪地，在軟墊上練習動物爬行的動作。

3. 隨後請爸爸扮演牛哥哥，幼兒當小老鼠，跨坐在牛哥哥背上。

4. 請牛哥哥載著老鼠，從軟墊的起點爬走到終點。

5. 邀請兩組親子檔進行比賽。

小叮嚀

1. 此項活動需在軟墊上進行，以維護幼兒安全。

2. 準備軟墊式安全帽，讓年齡較小的幼兒進行跨坐時使用。

平衡活動：「金雞獨立」

材　　料

哨子一只、滷蛋一盤。

●活動提示

1. 告訴幼兒：「公雞一大早會啼叫『咕！咕！咕！』，也會做出金雞獨立的姿勢。」我們也來模仿公雞單腳站和叫大家起床！

2. 請幼兒排排站，打開雙手、拉出左右兩側的間距。

3. 幼兒聽到成人吹出短哨聲「嗶！嗶！嗶！」，隨即縮起左腳，練習右腳單腳站十秒，並發出咕！咕！咕！的聲音。

4. 幼兒聽到成人吹出長哨聲「嗶～嗶～嗶～」，隨即縮起右腳，練習左腳單腳站十秒，並發出咕！咕！咕！的聲音。

5. 全體幼兒進行單腳站比賽，看誰站最久？

6. 站最久的幼兒可獲得滷蛋一顆。

小叮嚀

1. 邀請會書寫數字的幼兒，自行記錄左、右腳站立時間。

2. 認識數字幼兒，可拿出數字卡顯示單腳站立的時間。

手眼協調活動：「母雞生蛋」

材　　料

　　彩色塑膠球數十顆、洗衣籃、布膠帶。

場地布置

　　使用布膠帶在地面貼出控制線，距離控制線一公尺處放置洗衣籃。

活動提示

1. 告訴幼兒：「母雞如果吃含有天然色素的飼料或蔬菜，就會生出彩色的雞蛋喔！」今天我們來玩母雞生蛋和撿蛋的遊戲。

2. 邀請幼兒站在橢圓形的白線上。

3. 當成人發出咕！咕！咕！的聲音，孩子開始左右扭擺屁股，模仿母雞生蛋的動作。

4. 另一位成人在幼兒背後,將彩色塑膠球丟到地面上。

5. 邀請幼兒每人撿拾六顆彩色塑膠球。

6. 幼兒站到控制線上,分別將塑膠球投入籃中,看誰投得多?

小叮嚀

亦可使用廣告紙揉成紙團,取代彩色塑膠球。

沉澱活動:唸「十二生肖」

活動提示

1. 成人唸國語、閩南語、客語或其他母語版「十二生肖」童謠。

童謠詞如下:

一鼠、二牛、三虎、四兔、五龍、六蛇、七馬、八羊、九猴、十雞、十一狗、十二豬。

精細動作活動:金元寶來報喜

材　　料

水餃皮、內餡、包餃器、大托盤、小托盤、湯匙、一碗水。

☛活動提示

1. 活動前先引導幼兒洗手。

2. 將幼兒分成大（四歲半～五歲）、小（四歲半以下）兩組。

3. 將材料按序放置幼兒工作桌面上。水餃皮→內餡→一碗水。

4. 成人先示範拿取水餃皮放置小托盤內。

5. 舀取適量內餡放在水餃皮中間，手指沾水塗抹在水餃皮的周邊，打開雙手的虎口，將水餃捏合起來。

6. 包好水餃後，按序排放到大托盤裡面。

7. 邀請大組幼兒開始包水餃。

8. 接著成人拿取水餃皮放置「包餃器」內。

9. 取適量的內餡放在水餃皮上。

10. 雙手壓握「包餃器」。

11. 打開「包餃器」取出水餃，按序排放到大托盤裡面。

12. 邀請小組使用「包餃器」進行包水餃活動。

13. 完成後，將水餃放入滾水中煮熟，邀請大家一起分享好吃的水餃。

14. 請幼兒依自己食量多寡或成人指定的數量，點數水餃到自己的碗盤內。

14 不一樣的聖誕禮物

父母和孩子在家中進行聖誕節活動，
能促進孩子的語言發展，
瞭解聖誕節的感恩意義，
增進粗大動作能力和精細動作能力。

小丸子最期待聖誕節的來臨，因為在她的認知當中，這是一個除了生日以外會收到禮物的節日。從出生到現在，五年來收過爺爺、奶奶、外公、外婆、叔叔、阿姨、幼兒園，還有聖誕老公公等各種大大小小的禮物，讓她相當開心，可是也很困擾，因為沒什麼新奇的禮物，可以讓爸爸、媽媽減少忙碌，增加陪她一起玩耍、說說故事、扮家家酒的時間。不要每次都只能找 Mary 阿姨玩，太無聊了啦～！

　　現代社會裡，忙碌的父母親頂多在孩子睡前幫孩子講一個自創性的故事、讀一讀繪本。如果有空陪孩子玩，也是利用閒暇時間帶孩子到遊樂園、鄰近公園，站在遊樂器材旁邊看孩子玩耍。至於玩家家酒或裝扮遊戲，父母親大都傾向扮演玩具提供者的角色。

　　建議父母不妨和孩子一起進入「童話世界」，既能給孩子語言的刺激、文學的涵養，又能發展其肢體動作能力，還能參與幼兒的遊戲呢！這樣的統整活動不是學校應該規劃和執行的課程內容嗎？其實不然，下面將透過一系列活動，引導家長們在家中進行相關的統整活動，讓我們一起送給孩子一個不一樣的聖誕禮物吧！

你可以這樣做 1：親子共讀

活動目的

促進語言發展、瞭解聖誕節感恩的意義。

活動材料

《小小聖誕老人》繪本（文／安努‧史東妮、圖／海莉克‧威爾森）

●活動提示

1. 親子共讀《小小聖誕老人》繪本。故事大意如下：「遙遠的北國有一群聖誕老人，每年都愉快地為聖誕節做準備。今年的聖誕禮物全部都包裝好了！雪橇也收拾乾淨了！大家準備出發去送禮物。沒想到，所有的聖誕老人都長了水痘！怎麼辦呢？

2. 只好找動物們幫忙發送禮物；有大熊、麋鹿、狐狸、貓頭鷹等等。

3. 大夥兒往北方前進，飛越北極冰層，環繞地球一圈，經過高山、深谷，穿過河流、湖泊；一路上看到許多海邊的燈塔、陸地上的風車、偏遠的村鎮，以及大城市裡的萬家燈火。

小叮嚀

1. 父母親可裝扮成聖誕老人，帶著繪本出現在孩子面前講述故事，增加趣味性。

2. 父母親說完故事，採用故事接龍或故事問答的方式，和孩子一起複習故事重點，做為下列活動的預備知識。

你可以這樣做 2：翻山越嶺

活動目的

　增進粗大動作能力、前庭覺發展。

活動材料

　沙發椅、茶几、抱枕數個、餐桌、地墊、大毛巾等。

☛活動提示

1. 將抱枕鋪放在地面上當成障礙物、大毛巾蓋在茶几上改裝成隧道、沙發拿掉坐墊成平臺、地墊拼排成翻滾區等。
2. 告訴孩子：「聖誕老人們常常翻山越嶺辛苦的發送禮物。我們等一下也要模仿聖誕老人，進行翻山越嶺的遊戲。」
3. 讓孩子跨上高度平臺行走、鑽爬隧道、穿越障礙物、前滾翻、側滾翻等。
4. 請依照家中場地現況，創造出屬於孩子的活動空間。

你可以這樣做 3：馴鹿拉車

活動目的

　增進粗大動作能力、本體覺發展。

153

活動材料

麋鹿頭套兩個、紙箱兩個、禮盒數個、包裝紙數張。

☞活動提示

1. 用包裝紙包裝禮物盒後，放入紙箱內。

2. 告訴孩子：「麋鹿是聖誕老人發送禮物時，最佳的交通工具。因爲有了牠們，聖誕老人才能在聖誕節將禮物送達。我們要來模仿麋鹿載送禮物。」

3. 父母和幼兒分別戴上麋鹿頭套，拉動紙箱運送禮物。

4. 將禮物送到指定地點後，拿出禮物盒堆疊起來成高塔。

5. 在指定時間內，看誰的禮物塔又高又整齊！

小叮嚀

1. 亦可邀約家族其他孩子一起參與，增加活動趣味性與競爭性。

2. 可改換成其他可運送的物品，例如：書籍、積木、玩具等。

你可以這樣做 4：平衡：「雪地行走」

活動目的

增進粗大動作能力、平衡感發展。

活動材料

白色布膠帶、活動音樂 CD、音響、大雨鞋兩雙。

活動提示

1. 用布膠帶在地面貼出兩條兩公尺長的白線，兩線之間需有適當的間隔。

2. 問幼兒：「書中聖誕老公公在雪地行走的時候，為什麼要穿厚靴子呢？」幼兒回答後，再詳細說明：「因為北方的國家在冬天（十二月）會降下大雪，地上積了一層厚厚的雪，穿上厚靴子除了保暖外，還讓聖誕老公公更容易在雪地上行走。等一下，我們來試試看穿上聖誕老公公的『大雪鞋』，怎麼走路呢？」

小叮嚀

1. 白線長短可依場地現況調整。
2. 若幼兒熟悉走直線後，亦可安排直角轉彎線及曲線。

3. 父母與幼兒分別穿上大雨鞋，各自站在白線起點，一起手牽手走到白線終點。

4. 聽到音樂響起後，各自從終點走回起點，但是必須遵守走出白線者必須回到起點重走的規則。

你可以這樣做 5：投遞禮物

活動目的

增進手眼協調能力。

活動材料

器材：待洗衣物一籃、洗衣機一臺。

活動提示

1. 在洗衣機前適當位置設置控制線。

2. 告訴孩子：「聖誕老公公到每個人家裡送禮物的時候，常常從煙囪將禮物投進去。我們也來學習如何把衣服投入洗衣機裡面。」

3. 請孩子提起內有待洗衣物的洗衣籃，走到洗衣機前控制線。

4. 父母親教導幼兒將衣物捲成球狀後，投入洗衣機內。

小叮嚀

1. 控制線與洗衣機的距離，依幼兒能力與場地現況調整。

2. 若幼兒摺捲衣物有困難，可在旁邊放置小桌子，協助幼兒進行摺捲。

你可以這樣做 6：聖誕鈴聲

活動目的

增進手眼協調能力。

活動材料

器材：音響、CD。

活動提示

父母親藉由 CD 片與孩子一起進行「聖誕鈴聲」教唱或帶動唱。

歌詞如下：

雪花隨風飄，花鹿在奔跑，聖誕老公公，駕著美麗雪橇。

經過了原野，渡過了小橋，跟著和平歡喜歌聲翩然的來到。

叮叮噹！叮叮噹！鈴聲多響亮！你看他呀！不避風霜，面容多麼慈祥！

叮叮噹！叮叮噹！鈴聲多響亮！他給我們帶來幸福，大家喜洋洋！

你可以這樣做 7：包裝禮物

活動目的

增進精細動作能力。

活動材料

禮物盒數個、包裝紙數張、膠帶臺。

☛活動提示

1. 告訴孩子：「聖誕老公公外出送禮物前，會先包裝禮物。我們一起來幫聖誕老公公包裝禮物。」

2. 將包裝紙在桌面上鋪平，再將禮物放置在包裝紙中央。

3. 拉起左側包裝紙，貼近左側邊，再壓折到禮物盒平面上。

4. 將包裝紙側邊線與禮物盒平面的右側邊線密合後，用膠帶固定。

5. 右側包裝紙亦依第 3 及第 4 點方式進行包裝及黏貼，讓包裝紙呈現長方體狀。

6. 將禮物盒前方左側包裝紙壓貼在平面上，右側亦同，留出上下兩個三角形。

7. 將上面三角形向下壓貼，固定在側面上，再將下面三角形向上壓貼固定。

8 禮物盒後方包裝紙亦依第 6 及第 7 點方式進行包裝及黏貼。

9. 待四面包裝紙皆壓折、黏貼固定後，即完成包裝禮物的活動。

15 幫助幼兒上學
不焦慮

當孩子進入陌生的環境，
難免會產生恐懼不安，
如何幫助幼兒上學不焦慮，
老師的處理方式具有關鍵性的影響力。

家穎的兒子已經三歲半，她發現保母的環境已經不能滿足孩子學習與活動，於是將兒子送到附近的幼兒園就讀。媽媽事前雖然能預料孩子入園難免會有哭鬧的舉動，可是沒想到孩子回家卻將老師威脅的語氣和舉動一五一十表演給奶奶看，心疼孫子的婆婆，當下要求媳婦不要讓孫子上學，讓家穎相當為難！

　　不論幼兒先天氣質或性格如何，當孩子進入一個陌生的環境，心中難免產生恐懼與不安，且此種現象將影響幼兒入園的適應性。一般老師在園所工作一段時間後，經常面對孩子入園時所產生的分離焦慮情形，已經累積相當程度的處理經驗，能預知孩子與父母分離的哭鬧情緒，但往往喪失了體會、接受孩子惶恐不安情緒的敏感度，採以「處之泰然」的冷處理方式；讓孩子哭到絕望，甚至從絕望中接受分離的事實。雖然孩子哭到最後一定會適應環境，但是這樣的方式並非恰當的方法。

教養密碼 優秀孩子是這樣教出來的

一、認識與適應環境

　　教師當以「感同身受」的方式，全然接納孩子的反應，帶著幼兒認識並熟悉環境，同時適時解說規範。例如：吃點心前先到洗手臺洗手；排隊自行動手取用餐點；操作工作前先拿取地毯或地墊，鋪放於地面，再拿取教具工作。

　　教師應有豐富經驗，能在短時間內認識孩子的特質，並區分幼兒的需求。例如：孩子動手推開同學是故意的行為或是不知道如何使用語言表達需求，還是不願意與他人分享呢？能找出孩子行為的原因，才能適當處理幼兒行為，贏得孩子的信任與依賴。

二、獲取安全感與建立信任感

　　幼兒入園認識環境後，接著對人、事、物有其獲取安全感並建立信任感的需求。教師做法上有四個方向：安排固定的同儕照顧者、進行規律的課程、預告事件流程、成為孩子的依附對象。

　　園中的孩子剛經歷過與父母親分離的過程，其記憶猶新，最適合當一名照顧者。老師安排固定的同學成為新生的照顧者，讓新生能在最短的時間內和園所的孩

子有初步的接觸。不論是幼兒或成人，對陌生環境中熟悉的事物容易感到安心，因此透過預告事件流程及規律的課程，讓新生對園所活動有某個程度的認識，並提升熟悉度，同時產生歸屬感，必能降低孩子哭鬧或恐懼的情緒。

　　另外，老師應該扮演接替母親的角色，成為孩子的依附對象。換句話說，當孩子在園所有所需求時，老師就成為孩子隨時的幫助與需要時的扶持。例如：當孩子想念母親時，老師要以「如同己出」的同理心，體會孩子離開熟悉的照顧者，進入不熟悉環境的恐懼感與陌生感。回應孩子：你想念媽媽喔！我也想念她，你可以把你的想念畫在紙上，等媽媽來了我們告訴她：「你有很多、很多的想念。」另外，我們也可以一起寫卡片告訴她「你的想念」。這個舉動能讓孩子感受到老師的善意及關懷。

三、贏得友誼

　　孩子適應環境後，接著必須讓孩子在同儕間贏得友誼。此時老師重要的任務就要成為個體與同儕互動的橋梁。做法有：

1. 舉辦歡迎儀式：介紹新生、為孩子唱歡迎歌、邀請孩子照顧新生。

2. 在孩子入園的初期藉機呼喚新生的名字、找機會讚美新生好的表現。例如：「會跟媽媽說再見」、「上完廁所會主動洗手」、「會自己吃飯、取用點心」等。

3. 隨機邀請新生參與小團體：介紹及引導新生加入舊生自由活動、分組

活動、建構遊戲、體能遊戲等活動。

4. 邀請舊生帶領新生一起去如廁區、用餐、午休、共同完成創作遊戲。

四、提供額外刺激、擴展已知

個體最大的成就與滿足並非來自外在的讚美與獎賞，而是自我的學習成就與達到目標的滿足感。因此當孩子逐漸熟悉教師、環境與同學後，教師要能提供適當的學習內容，並成為孩子的學習引導者，引發孩子學習主動性、探索性。例如：世界杯足球賽開打後，很多孩子跟著家長觀賞球賽，對球隊比賽的得分及隊名也能朗朗上口，此時教師可利用孩子已知的知識，擴展其認知內容。首先帶領孩子認識地球區分為海洋與陸地兩大部分，並說明陸地上有七大洲，其次導引出足球八強的國家在世界地理的位置；接著介紹這些國家的首都、特色、文化等特性。如果孩子對某個國家特別感興趣，也可引導孩子進行更多的探討與研究。

活動設計

你可以這樣做 1：贏得友誼～搗餅乾活動

教具內容

木缽一個、木杵一支、小刷子一把、餅乾罐＋骨頭餅、杯子一個、湯匙一把、托盤一只。

活動過程

1. 邀請幼兒（新生）坐在老師的左側。

2. 告訴幼兒：「老師示範搗餅乾的工作。」

3. 從工作櫃端取出「搗餅乾」的工具，放置桌面。

4. 打開餅乾罐，拿出三根骨頭餅乾放入木缽中。

5. 拿起木杵，將餅乾搗碎。

6. 使用小刷子將餅乾碎片掃入杯子裡面。

7. 隨後請幼兒操作。

8. 累積一定數量的餅乾碎片後，再邀請其他幼兒一起來享用餅乾碎片。

9. 操作的幼兒（新生）將餅乾碎片分給每一位坐下來的孩子。

10. 享用完餅乾碎片後，請同學邀請新生一起加入他們的活動。

你可以這樣做 2：認識我們的地球

教具內容

「從太空看地球」投影片、海陸地球儀一座＋蓋布、彩色地球儀一座＋蓋布。

活動過程

1. 播放「從太空看地球」影片，並引導幼兒觀察地球上有藍色的海洋和陸地兩大部分。

2. 將海陸地球儀一座＋蓋布以及彩色地球儀一座＋蓋布分別放置桌面上。

3. 告訴幼兒照顧者把地球變小了；隨後掀起拿出海陸地球儀的蓋布，介紹海洋及陸地的部分。

4. 掀起彩色地球儀的蓋布，分別介紹陸地有亞洲、大洋洲、歐洲、北美洲、南美洲、極洲、非洲等七大洲。

你可以這樣做3：認識七大洲地理位置

教具內容

海陸地球儀一座、彩色地球儀一座、海洋與陸地拼圖一片、陸地拼圖、世界拼圖一片、軟墊數片。

活動過程

1. 拿出海陸地球儀，複習地球有海洋與陸地兩部分。

2. 展示海洋與陸地拼圖，協助幼兒認識立體轉換成平面位置圖。

3. 拿出彩色地球儀，複習七大洲名稱與位置。

4. 展示陸地拼圖及世界拼圖，協助幼兒認識七大洲平面位置圖。

小叮嚀

為方便幼兒觀察，所有活動皆在軟墊上進行。

你可以這樣做 4：認識足球八強、足球四強國家地理位置

教具內容

　　世界拼圖一片、亞洲、歐洲、北美洲、南美洲拼圖各一片、八國國旗（德國、西班牙、荷蘭、葡萄牙、烏拉圭、巴西、阿根廷、美國）。

活動過程

1. 與幼兒討論足球前八強為：德國、西班牙、荷蘭、葡萄牙、烏拉圭、巴西、阿根廷、美國等國。

2. 介紹八國各屬於哪個洲？例如：德國、西班牙、荷蘭、葡萄牙位於歐洲；烏拉圭、巴西、阿根廷在南美洲；美國是在北美洲。

3. 邊介紹邊指出國家位置。

4. 熟悉國名與地理位置後，接著介紹國名與國旗配對。

5. 也可以在兩隊比賽前，介紹兩個國家的首都、特色、文化等內容。

16 一舉數得愛心樹

繪本不止於唸讀，

還可以將繪本和戶外活動結合，

和孩子進行一段美妙的學習之旅！

佳茹是一位盡責又有耐心的母親，雖然忙碌的職場工作和下班後一連串的家務，已經讓佳茹每天都覺得時間不夠、體力不支，但是和孩子玩在一起仍然是她最快樂的時光！尤其和孩子一起走入繪本世界，超越時空限制，看盡人生百態的寬廣視野，同時也彌補了童年沒有故事書可讀的缺憾。

只要一有空閒的時間，佳茹就會和先生帶著孩子到附近的公園活動。最近佳茹心血來潮，想將繪本和戶外活動結合，甚至有目的性的進行感覺統合活動，期待讓文學融入認知發展，植根於生活，並從遊戲中發展社會互動，也能在無形中引導幼兒學習規範。

現在，就讓我們乘著夢想的翅膀，飛越時間與空間的限制，進行一段美妙的學習之旅吧！

暖身活動：講述《愛心樹》故事

材　料

《愛心樹》繪本（文、圖／謝爾‧希爾弗斯坦）

故事重點

　　從前有一棵樹，他好愛一個小男孩，每天小男孩都會到樹下玩。小男孩會蒐集樹的葉子，把葉子編成皇冠，扮起森林裡的國王。小男孩爬上樹幹，盪鞦韆、摘蘋果吃、玩捉迷藏。小男孩好愛這棵樹，「樹」好快樂！

　　小男孩長大了，「樹」覺得好孤獨。小男孩需要錢，於是「樹」請小男孩摘下他的蘋果，拿到城裡去賣。有了錢，小男孩就會快樂，「樹」也好快樂！

　　小男孩好久都沒有再來和「樹」一起玩，「樹」好傷心。當小男孩再回來時，「樹」高興的發抖。小男孩需要一間房子。樹說：「你可以砍下我的樹枝去蓋房子，這樣你就會快樂。」

　　當小男孩又老又傷心時，想要擁有一條船載他離開，樹說：「砍下我的樹幹，去造條船吧！你可以遠航，就會快樂。」小男孩造了條船，離開了。「樹」好快樂！但不是真的！

　　當小男孩一無所有的回到「樹」身邊，「樹」什麼也沒有了，只剩一塊老樹根，正好給疲累的小男孩休息，「樹」好快樂！

教養密碼 優秀孩子是這樣教出來的

活動目的

1. 促進語言發展。
2. 認識「樹」的構造與功能。
3. 增進社會互動能力。
4. 學習遵守團體規範。
5. 發展粗大動作能力。
6. 提升精細動作能力。

小叮嚀

1. 照顧者帶領幼兒到住家附近的公園,坐在大樹下說故事。
2. 運用小男孩布偶說故事。
3. 講述故事後,以故事接龍或故事問答的方式和孩子一起複習故事重點,做為下列活動的預備知識。

前庭覺活動:愛心鞦韆

器材

戶外公園鞦韆一座。

場地布置

距離鞦韆一・五～二公尺處畫出控制線。

活動過程

1. 告訴幼兒:「小男孩常在樹下玩,今天我們也來盪鞦韆!」
2. 帶領幼兒站在控制線後方排隊。
3. 引導幼兒和公共場所的其他幼兒一起輪流排隊盪鞦韆。

小叮嚀

1. 要求幼兒站在安全軟墊以外的區域排隊,避免發生危險。
2. 活動過程中,幼兒若出現頭暈、嘔吐、臉紅等不適的感覺,必須立即讓他停止進行此項活動。

168

4.輪到幼兒盪鞦韆時，先坐著盪，待熟悉後再站起來盪。

本體覺活動：松鼠上樹

器　　材

　公園攀爬架。

活動過程

1. 告訴幼兒：「小男孩常在大樹身上爬上爬下，好像松鼠爬樹喔！」
2. 請幼兒先在地面練習攀爬及攀越的動作。
3. 練習數次後，再向上或向前攀越。
4. 和照顧者進行移動速度或前進方向的比賽。

小叮嚀

若幼兒雙手不容易抓握攀爬架，請先讓幼兒練習抓握單桿。

169

平衡活動：單腳高手

場　　地

社區公園。

活動過程

1. 告訴幼兒：「小男孩除了爬樹幹、盪鞦韆、摘蘋果吃、玩捉迷藏外，還會在樹下玩單腳跳接力賽遊戲。」
2. 照顧者先示範單腳直線前進、轉彎、交互換腳等動作，再請孩子練習上述動作。
3. 照顧者和幼兒一起繞著大樹跳動一圈後，按著以接力賽方式進行活動。
4. 進行「請你跟我這樣做」遊戲。照顧者單腳跳動時隨時變換左右腳，讓幼兒仿效。
5. 邀請公園內其他幼兒加入競賽。

小叮嚀

1. 在公園內進行此項遊戲，儘量挑選人數較少的時間，以避免發生碰撞情形。
2. 觀察幼兒單腳跳動的持續性和變換的協調性。若左、右腳單腳跳的次數差距過大，則刻意增加某單腳跳的練習次數及時間。

手眼協調活動：你掉我撿

器　　材

小水桶兩個、計時器一只。

場　　地

鄰近住家的公園。

活動過程

1. 告訴幼兒：「當樹葉逐漸老化，就會掉落地面。我們一起來撿拾公園的葉子，也幫公園的清潔伯伯整理環境。」

2. 先跟孩子說明遊戲規則：「五分鐘內撿到最多葉子的人就是優勝者，但是只能撿拾掉落地上的葉子，不可以用摘取的方式。」

3. 調整好計時器後，開始比賽撿葉子。

小叮嚀

1. 撿完地上的葉子後，換成使用夾子夾取地面的紙屑和垃圾。

2. 擴大邀請其他友伴一起參與「淨園活動」。

精細動作活動：幫蘋果洗澡

材　　料

　　蘋果四顆＋竹籃、海綿＋盒子、水盆兩個、取水壺、蔬果盒、水桶、小方巾＋容器、幼兒防水圍兜。

活動過程

1. 桌面上方按序排列取水壺、小方巾、蘋果籃、海綿盒、蔬果盒；桌面下方按序排列兩個水盆。

2. 第一個水盆的桌面下放置水桶。

3. 請幼兒穿上防水圍兜，端起取水壺到水槽取水（水將滿至控制線即關閉水龍頭）。

4. 連續取水兩次，分別倒入兩個水盒內。

5. 將取水壺放回原處。

6. 將小方巾鋪放在第二個水盆旁邊。

7. 取出一顆蘋果放入第一個水盆中，左手握住蘋果尾端，右手拿起海綿，由上向下、由內向外，以畫圓的方式清洗蘋果前半部。

8. 將蘋果翻轉一百八十度，左手握住蘋果頂端，右手拿海綿，由上向下、由內向外，以畫圓的方式清洗蘋果後半部。

9. 將蘋果移至第二個水盆，依照步驟 7、8，再重複清洗一次。

10. 清洗完成後，將海綿放回原位。

11. 把蘋果放在方巾上擦拭乾淨。

12. 將蘋果放置蔬果盒內。

13. 依步驟 7～12，完成其他蘋果的清洗工作。

14. 使用食指及中指繞水盆內水線一圈清洗水盆。

15. 從桌面下方拉出水桶，雙手分別握住水盆兩側，將水倒入水桶中。

16. 雙手握住提把，提起水桶到水槽，將水倒掉。

17. 將水桶放到第二個水盆下方，將水盆內的水倒入水桶裡，提到水槽倒掉，放回原處即完成工作。

小叮嚀

1. 除了清洗蘋果，亦可更換成其他水果，讓幼兒清洗。

2. 距取水壺的壺口約四分之一處，畫上控制線，方便幼兒判斷取水量。

沉澱活動：唸「心肝寶貝」

器　　材

手提 CD 音響一臺。

活動過程

照顧者唸唱臺語歌曲「心肝寶貝」。

17 為親情加溫，為文化創新

將製作粽子的活動與文化習俗結合，
不僅能增進孩子語言與邏輯概念
提升粗大動作能力，
也能促進精細動作協調。

當夏日的腳步逐漸逼近，區分季節分野點的端午節也隨即到來。每到端午節，雅雯就回憶起媽媽的好手藝。可是媽媽臥病在床已有半年，想再吃到美味的粽子，恐怕得請媽媽口頭指導，再加上自己早年的記憶，才能動手製作。但是令雅雯困擾的是，三歲兒子倫倫尚未上幼兒園，如果要自己動手包粽子，首先必須克服孩子調皮搗蛋的問題。由於製作過程繁瑣，並非一、兩個小時即可完成，如何將製作食物和照顧孩子的工作結合，甚至過程中不會讓孩子感到無聊而又能進行有意義的學習？

雖然包粽子的過程繁冗，需要採買材料、預備食材、製作過程，以及一、兩個小時的蒸煮時間，但是經過詳細的規劃與準備，就能將製作食物活動與文化、習俗結合，並經由製備的歷程，引導孩子進行認知。語文與邏輯概念的學習，提升粗大動作能力，促進精細動作協調，達到從生活中學習，動靜皆宜的專業照顧。

暖身活動：認識粽子及介紹製作過程

材　　料

自製包粽子流程圖卡一組、粽子。

活動過程

1. 拿出一粒粽子，讓孩子認識名稱、觸摸形體、嗅聞氣味。

2. 打開粽葉，讓孩子品嚐味道。

3. 利用圖卡講述製作粽子的流程：

   (1) 炒香食材及糯米。

   (2) 摺疊粽葉呈倒三角錐體。

   (3) 舀入米飯。

   (4) 放入餡料。

   (5) 將米飯鋪蓋在餡料上。

   (6) 蓋下粽葉成粽子形體。

   (7) 使用棉繩將粽子綁緊。

   (8) 將成串的粽子放入滾水中煮熟，即完成美味可口的粽子。

小叮嚀

說明製作流程需簡潔明確，才能避免孩子注意力分散。

教養密碼 優秀孩子是這樣教出來的

前庭覺活動：騎馬高手

器材

電動馬一架。

活動過程

1. 告訴孩子：「我們等一下一起來包粽子，現在先去市場買包粽子的材料。」
2. 講孩子背背包、戴帽子一起出門。
3. 帶著孩子到有電動馬的商場購物。
4. 邀請孩子乘坐電動馬二～三次。

小叮嚀

1. 先選擇擺動幅度較小的電動馬乘坐。
2. 待孩子熟悉擺動的幅度後，再選擇擺動幅度較大的電動馬。
3. 如果沒有此類電動器材，可以到公園乘坐搖搖馬，或以室內充氣玩具馬取代。

本體覺活動：大力士

材　　料

幼兒背包、長糯米半斤、蝦米一包、香菇一包。

活動過程

1. 告訴孩子：「請幫忙搬運物品回家。」
2. 藉由購買的過程，讓孩子認識各種食材。
3. 購買食材後，挑選出數樣可以讓孩子背運的食材。
4. 將長糯米、蝦米、香菇放入孩子的背包中，讓孩子背運回家。

小叮嚀

計算出孩子背運的重量後，分散在數項物品中，不要集中在單一物品上。

平衡活動：勇往直前

材　　料

樓梯。

活動過程

1. 告訴孩子：「今天電梯故障了，我們要走樓梯回家喔！」
2. 要求孩子背著背包走在樓梯中間，不要靠牆壁或抓握扶手。
3. 孩子走完一個樓層可稍做休息，再向上繼續走。
4. 約走二～三個樓層即可。

小叮嚀

1. 上樓梯的過程，照顧者走在孩子後面，以保護孩子安全。
2. 依孩子年齡及體能狀態調整樓層數量。

手眼協調活動：小幫手

材　　料

洗米容器一個、量杯一只、長糯米、蝦米、香菇。

活動過程

1. 告訴孩子：「我們一起來準備包粽子的材料。」
2. 請孩子拿量杯量取數杯長糯米，依序放入洗米容器中。
3. 將裝有長糯米的洗米容器放在水龍頭下方，打開水龍頭，以手掌轉圈

小叮嚀

孩子身高太矮，搆不著水龍頭或炒菜鍋時，可預備小板凳，方便孩子踩踏。

178

方式清洗長糯米。

4. 請孩子將洗好的米粒倒入炒鍋中。

5. 請孩子將蝦米、香菇依序倒入炒鍋中。

精細動作活動：洗洗刷刷好好玩

材　　料

　粽葉一把、取水壺、海綿刷子＋小碟子、水盆三個（其中一個附有洗衣板）。

活動過程

1. 照顧者先將粽葉煮過並浸泡數小時，待粽葉變軟後，即可讓孩子刷洗。

2. 依序放置取水壺、海綿刷子＋小碟子、水盆。

3. 將煮軟後的粽葉放入左側水盆內。

4. 使用取水壺取水，倒入洗衣板水盆（視孩子能力給予協助）。

5. 拿起一片粽葉放置在洗衣板上。

6. 拿起海綿沾水，由上向下刷洗粽葉。

7. 刷洗二～三次後，再翻面刷洗。

8. 兩面皆刷洗後，再放入右側水盆內。

9. 刷洗數片粽葉後，待水盆的清水變色，即端起水盆，走到洗
　　手臺將污水倒掉，再放回原位。

10. 依步驟 4，注入清水。

11. 直到清洗完所有的粽葉。

12. 收拾物品並清理工作區。

沉澱活動：端午節歌曲

材　　料

沙發一組。

活動過程

1. 邀請孩子一起坐在沙發上。

2. 照顧者教唸「端午節」歌謠：

一二三四五月五，

來划龍船敲鑼鼓。

媽媽忙著包粽子，

家家戶戶過端午。

18 相同的愛，不同的對待

除了父母的放手和理性支持外，
孩子是否能順利適應新環境，
老師的照顧與教導也是另一個關鍵。

佳茹迫不及待的將剛滿兩歲半的小女兒送入幼兒園就讀，目的是冀望老師能改正女兒被婆婆寵壞的習性，建立良好的生活常規。初入園期間，由於婆婆百般不捨，因而拉長了女兒適應新環境的時間，還好幼兒園的帶班老師很專業，也極富愛心的安撫女兒的分離焦慮，雖然女兒表示不想上學，想和奶奶一起留在家裡，但是佳茹仍然堅持將女兒交給老師照顧。一段時間之後，女兒不僅喜歡上學，也培養了良好的生活自理能力，同時也會協助同儕、照顧新生，這些獨立自主能力讓她成為快樂的學習者。但是自從老師接下另一位新生後，佳茹就覺得老師對女兒不再百般呵護，心裡總有不是滋味的感覺。

　　一位訓練有素的幼教師，首先要瞭解幼兒各個發展階段，清楚知道幼兒的需求與輔導方式。其次，也要懂得信任與放手，進而能欣賞與支持孩子，才是教育的最高指導原則。當然有智慧的父母也是如此，孩子剛進入幼兒園就讀時，對環境的陌生感是無法避免的，此時影響孩子適應過程的重要關鍵，除了父母的完全放手和理性支持外，園所老師的照顧與教導也是另一

個關鍵。

　　所謂完全放手是充分信任專業老師的引導，並認清孩子在分離時刻所表現的邀寵行為和語言。具體而言，父母需在園所陪伴孩子一段時間（數小時或數日，視個別差異而定），等待自己在心境和認知上皆能信任園所後，再以堅定的語氣告訴孩子，因為某種原因需離開片刻或數小時，並清楚說明接孩子的時間。請注意上述內容並非詢問孩子的意願，而是一種宣告。宣告後，不論孩子的反應為何，在道別後就必須即刻離開。相對的，預告出現的時間一到，也必須遵守諾言出現在孩子面前，以建立分離的信任感。此時，最重要的理智支持是以正向的語言和口吻回應孩子的情緒。例如：「你今天在學校做了什麼事情？」、「我看到你在學校和小朋友一起玩，感到相當開心！」

　　孩子正式入園後，老師盡可能將孩子帶在身邊，讓孩子將依附對象從父母、保母轉移至老師身上。從日常生活教育做起是最適合的起點，舉凡用餐、如廁、午休等事項，皆有老師的參與和協助，使孩子具備足夠安全感後會更容易融入團體。此時的協助並非寵溺孩子，而是為孩子搭一座由陌生到適應環境的橋梁。然而適應環境只是入園就讀的第一步，接下來的學習才是發展的重點。

　　學習首重獨立與自主。雖然適應新環境是獨立的開始，也是自主學習的起點，然而展現良好行為並學習照顧同儕，才是幼兒期最值得發展的社會行為。孩子學會某些動作。或許只是一時的模仿行為，當他能將其運用於協助或照顧別人時，就能確信孩子不僅熟練且理解此行為。例如：孩子學會使用湯匙，但卻不一定是能運用此技巧自己進食；但是當他能協助同儕進食，必定

已能自己進食；再比如，能引導同儕拼讀注音符號或誦讀文字的孩子，必已具備識字能力。

　　此時，老師的角色必須有所轉換，由一位呵護孩子的母親，轉變成信任與支持孩子的教師；信任孩子的能力，並預備支持他展現能力的環境。此時課室中出現新生，恰好能滿足舊生學習以及教師角色轉換的需求。因此，老師的放手並非忽略，反而是專業能力的展現，這是關愛孩子的家長們必須理解並感到欣慰的，因為萬物生生不息、循環相依、相互效力，是人類互助與和平相處的崇高境界。

你可以這樣做 1：搬椅子

材　　料

有靠背幼兒椅子一張。

活動過程

1. 將椅子放在地面上。
2. 走到椅子側面，面對椅子，彎下腰。
3. 伸出一隻手，打開虎口握住座椅前端。
4. 伸出另一隻手，打開虎口握住座椅椅背。
5. 搬起椅子，與腹部同高。
6. 維持上述姿勢，走到放置處。
7. 彎下腰，將椅子輕輕放在地面上。
8. 起身，走到椅背後面。
9. 雙手握住椅背，將椅子輕輕推入桌面下。

你可以這樣做 2：按釦衣飾框

材　　料

　按釦衣飾框一組。

活動過程

　1. 將衣飾框放在桌面上。

　2. 一手壓住按釦旁布面，另一手握住按釦，拉開扣合面。

　3. 以相同方法由上向下依序拉開按釦。

　4. 翻開左邊布面，再翻開右邊布面。

　5. 蓋回左邊布面，再蓋回右邊布面。

　6. 將按釦的上下面兩兩對齊。

　7. 運用大拇指壓下按釦。

　8. 以相同方法由上向下依序扣回按釦。

你可以這樣做 3：舀豆子

材　　料

碗兩個、花豆三分之一碗、湯匙一支、托盤一個。

活動過程

1. 將托盤端至桌面上。

2. 非慣用手握湯勺上端，拿起湯匙。

3. 慣用手打開虎口握湯柄。

4. 非慣用手扶住左邊裝有花豆的碗。

5. 慣用手拿湯匙舀起花豆，放入右邊碗裡。

6. 反覆舀起花豆，直到花豆全部移至右邊碗裡。

7. 以相同方法將花豆舀回左邊的碗裡。

8. 撿拾掉落桌面的花豆，放回碗裡，結束工作。

19 提升專注力有方法

鼓勵孩子動手做、建立生活規範、引發學習興趣，
孩子的專注力就能跟著提升。
成人事事催促、代勞是專注力的最大致命傷。

小宇從小就非常活潑好動，媽媽和奶奶雖然覺得他的活動量比較高，但總認為男孩子本來就靜不下來，等他將來進入幼兒園，接受老師的約束與管教後，應該就能改善了！當小宇滿四歲後，婆媳倆才依依不捨的讓他進入園所就讀。一個月後，園長和帶班老師邀約家長一起會談；說明小宇在園所無法專注於學習，並有干擾班級秩序的情形，同時建議家長轉換園所，到更適合他學習的環境。此時，小宇的父母才驚覺事態嚴重！該如何幫助家長和園所呢？

專注力是指能集中心智專一處理事物的能力。專注力對於個體的學習、生活、人際互動、情緒等都深具影響。關心孩子發展的父母們無不期待自己的孩子耳聰目明，擁有持續的專注力。坊間許多號稱可以提升孩子專注力的才藝課程，令家長們眼花撩亂、無所適從，不知從何選擇起，更不知該怎麼做才能有效增

進孩子的專注力。例如：是孩子原本就具有專注力，才學好圍棋，還是學了圍棋增強了專注力？從發展的兩大要素：遺傳和環境來看，影響孩子專注力的因素，除了與生俱來的遺傳特質是不容易改變的因素外，後天環境的介入，仍是值得教師、父母努力的。諸如環境規劃、動手操作、建立生活規範和引發學習興趣，都是提升專注力的重要策略。

一、環境規劃

　　幼兒在不易受打擾的環境下更能集中心智，環境中若有過多的圖案或裝飾，容易引起孩子分心，過多的陳列物也會誘發孩子好奇和把玩的欲望。因此，不論是家中或園所的布置和擺設，都應以簡潔、明亮、雅緻的原則為主。比如：蒙特梭利教室會避免使用抽象的卡通圖案裝飾，而是懸掛溫馨、真實的圖片。開放式的教具櫃有序的陳列教具，讓孩子置身在真實、有序的環境中，透過動手操作達到內在需求的滿足，產生自發性的心智集中能力。在操作的過程中，孩子能從有序的環境中獲得「由簡到繁、由易到難、由上至下」的學習引導，更能萌發內在的專注力。

二、動手操作

　　在蒙特梭利教室裡，先讓孩子接觸與日常生活息息相關的抓、倒、夾、洗、擦、刷等工作，建立內在自信，且經由反覆操作延長專注時間。其次，透過視覺、聽覺、嗅覺、味覺、觸覺、多重感覺等工作，藉由分類、序列、配對等操作方式，提升專注品質。接著，融合上述能力進入數學區、語文區，培養說、寫、讀、算等認知性的專注力。最後，運用天文、地質、地理、歷史、動物、植物、藝術等區域的工作促進專注力。

　　父母在家中可以透過實際的生活物品和圖片對孩子進行認知教學。例如：教導蔬菜系列，先在桌面呈現三種青菜（視覺學習），再一一指出名稱（聽覺學習），並讓孩子觸摸（觸覺學習），隨後將青菜烹煮後再讓孩子食用（嗅覺與味覺的學習）。此外，父母安靜、專注的唸讀

故事給孩子聽，引導孩子進入繪本的美妙世界，進而領略專注的美好，亦是耳到、眼到、心到的「三到策略」。

現代父母大多沒有耐性等待孩子專注的做好一件事，事事催促、代勞是專注力的最大致命傷。父母除了鼓勵孩子動手做，也可以透過適當的環境，引導孩子樂於自己做。因為在雙手與心智合一的狀態下，是培養孩子專注力的最好時機。

三、建立生活規範

生活規範是個體在環境中專注的指標。透過教室或家中常規的建立，能讓孩子自在、有序的優游於環境中，並確保專注力不受干擾。尤其孩子在學習的過程中，如果被人打斷，就不容易再回到專注的狀態，因此，建立生活規範是維持專注力的重要策略。培養生活規範首先需注重生活作息的規律性，即每日生活流程裡，先做什麼再做什麼的順序。如同按表操課，但重點是事件的程序，並非準確的時間表。例如：起床後先刷牙、洗臉→吃早餐→換穿外出服→入園→放置書包→洗手→開始一天的課程等。其次，培養各項生活事物的原則與方法。例如：洗手採用「濕→搓→沖→捧→擦」的方式與流程；取餐前先排隊，再按序自行舀取食物等規範。此外，也需訂定明確且容易達成的常規，如：先收拾手邊的玩具並歸位，才能取拿下一樣玩具；操作教具前先鋪放地毯或地墊；在教室內輕聲慢走等。這些常規的養成，需先透過父母或師長將過程按序分解，並按部就班的示範，經過持續的練習，才能達到熟能生巧、自然內化的境界。

四、引發學習興趣

教師是幼兒的啟蒙者，教師的教學方式和內容若能引起孩子的興趣，才能逐步誘發孩子進入專注的學習過程。引起學習的興趣與動機包括故事、扮演、戲劇、唱遊、歌謠、手指偶、道具書、皮影戲等。吸引孩子最簡便的方法，莫過於唱遊、歌謠、手指偶等。孩子最愛聽故事

了，更愛有真人演出的戲劇活動，如果孩子能自己扮演其中的角色，就更樂不可支了！尤其是情節及角色鮮明的故事，更適合孩子的參與。不過，戲劇活動雖然生動，但是無法天天上演，此時，道具書就可以發揮影響力了！例如：《大家來刷牙》——書＋紙板牙刷（三之三）、《寂寞的螢火蟲》——閃光書（上誼）、《猜猜我有多愛你》＋兔子偶（上誼）、《動物的骨骼》——夜光書（澄運文化）等。除了上述方法外，家長和教師若能善用身邊的事物，諸如聲音、肢體動作、衣物、紙張等，發揮創意的巧思，也能引起孩子的學習動機喔！

你可以這樣做 1：傳聲筒

活動目的

促進聽覺辨識力、提升聽覺專注力。

活動過程

1. 採幼兒分成數組，每組約六～八位幼兒，每組排成一直線。

2. 每組幼兒隔開適當距離，避免彼此干擾。

3. 成人站在第一個位子。

4. 成人輕聲對第一位幼兒的耳朵說一句話，例如：「我愛你！」

5. 請第一位幼兒依序傳遞下去。

6. 最後一位幼兒說出這句話的內容。

7. 若無誤則得分；若有誤則進行內容比對，找出錯誤之處。

8. 記錄出錯幼兒的犯錯情形。

9. 幼兒熟悉玩法後可變換不同隊形，增加趣味性。

你可以這樣做2：影印機

活動目的

　　增進視覺辨識力、促進視覺記憶力、提升視覺專注力。

活動過程

1. 在A4紙上畫出左右各三個 3×3 方格圖。

2. 成人在左側的 3×3 方格圖裡分別畫出簡易線條或圖形。

3. 幼兒仿畫在右側的 3×3 方格圖裡。

4. 幼兒完成後，成人檢查仿畫的情形。

5. 畫錯的部分，鼓勵幼兒重複練習，直到正確。

6. 將 3×3 方格圖換成 3×3 圓點圖。

7. 依步驟 2～5 進行。

8. 逐步轉換成 4×4 方格圖、4×4 圓點圖。

9. 直到完成 7×7 方格圖、7×7 圓點圖。

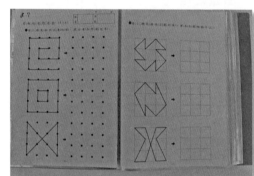

你可以這樣做 3：拍拍球

活動目的

　增進手眼協調能力、促進手腕靈活度、提升專注力。

教　　具

　足球一顆。

活動過程

　1. 幼兒雙腳張開，與肩同寬。

　2. 幼兒雙手握住足球，在地面進行丟接球。

　3. 幼兒持續不間斷丟接十下以上。

　4. 轉換成練習拍球活動。

　5. 幼兒持續不間斷拍球十下以上。

　6. 引導幼兒定點拍球以及曲線運球活動。

你可以這樣做 4：跳跳繩

活動目的

　　增進雙腳協調能力、促進腳踝靈活度、提升專注力。

教　　具

　　童軍繩一條。

活動過程

　　1. 將童軍繩放在地面。

　　2. 幼兒使用腳尖連續前後跳十下以上。

　　3. 幼兒使用腳尖連續左右側跳十下以上。

　　4. 幼兒熟練步驟 2、3 後，將繩子拉高五公分，進行前後及左右跳動。

　　5. 待幼兒熟練步驟 4 後，引導幼兒進行跳繩練習。

20 請教我怎麼說

利用日常生活情境
引導孩子學習表達自己的需求與情緒，
培養良好的人際互動能力。

　　小庭是爸爸在年近半百時才獲得的寶貝兒子，因此備受爸爸的寵愛。只要到了戶外的遊樂場所，小庭看到別人打球很想加入，不用開口，爸爸就會搶先一步跟小朋友借球讓小庭玩。媽媽看在眼裡，總覺得爸爸太寵孩子了！她認為應該讓小庭自己學習與人溝通、互動。為此，媽媽會在各種場合裡，刻意訓練小庭主動處理事情的能力。

　　當媽媽帶小庭到遊樂場所時，小庭都很謹守本分的在場內活動，但卻經常遭受其他小朋友的干擾。今天在積木區，一位小姊姊為了獨占玩具，先將小庭推倒再強行拿走他手上的積木。由於媽媽希望小庭學習自己解決紛爭，並沒有主動介入處理，但小庭的反應並不是嚇呆，也沒有哭鬧，當然更不是如媽媽期待的「自行解決問題」，而是跑到媽媽身旁拍打媽媽，並將生氣的情緒發洩在媽媽身上。隨後，小姊姊的家長帶著小姊姊向小庭道歉，並歸還積木。媽媽礙於公共場合需顧全面子，而代小庭回答：「沒關係！」還要求小庭將積木讓給小姊姊玩。雖然小庭心中千萬個不願意，還是順從媽媽的指令。媽媽認為小庭拍打她的行為是情緒問題，甚至覺得他不夠大方，也不會和別人互動。希望等小庭三歲進入幼兒園就讀後，可以透過教育的力量改善小庭的情緒和人際溝通問題。

　　每個父母對孩子的期待各不相同，有人期望給孩子最多、最好的呵護，有人希望孩子獨立、自主，勇於面對不同的挑戰；無論何種期望都是父母愛的呈現，但是有愛的心意也要有愛的方法，才能提供孩子最好的助力，以及培養最佳的能力。

　　能力源自遺傳和環境，從醫學的角度而言，當精子與卵子結合的剎那已然決定遺傳因子的組合，孩子呱呱落地後，遺傳密碼亦已註記其內；而情緒與人際互動的能力，除了先天的遺傳基因外，也和後天環境的養成息息相關。尤其語言表達能力更是情緒與人際互動的重心，三歲前幼兒首要學習的是表達自己的需求與情緒狀態，其次是語句的完整性。前述案例中的小庭，明顯呈現表達能力受到限制，因而引發情緒與人際互動問題。在父親呵護與疼愛下，孩子完全不需要「表達」，他的「所欲所求」就立刻被察覺並得到滿足。雖然小庭的媽媽想要藉由情境中的事件，培養孩子解決問題的能力，但在缺乏基本表達能力的前提下，想要躍升到解決衝突的層次，是有困難度的。

　　換言之，父母在照顧孩子的過程中，雖然能敏銳察覺孩子的需求，但仍需以語言發展為重。父母可以先對孩子的需求「視若無睹」，待孩子出現求救訊號時，再「伺機而動」。例如：

1. 孩子指著速食店的櫃臺，顯露出想吃薯條的訊息時，父母應教導孩子告訴爸爸、媽媽：「我想吃薯條！」

2. 倘若孩子只有表情而沒有出現任何動作，父母則以試探、誘導的語句詢問孩子：「哥哥、姊姊們在玩球，你也很想和他們一起玩球嗎？」、「我們一起去問哥哥、姊姊們，可不可以和你一起玩？」

　　學習語言表達的最佳策略是運用情境，最好的方法是練習，只要在有所需求的環境中持之以恆的練習，就能發展出優秀的語言表達能力。

你可以這樣做 1：我們一起玩好嗎？

材　　料

立體書一本。

活動過程

1. 媽媽拿出立體書，指著書名唸讀：「我們一起玩好嗎？」

2. 介紹作者、譯者、繪者及出版社。

3. 翻開內頁，再重複唸讀書名。

4. 唸出故事內容。

5. 每唸完一頁，隨即翻開相對應的立體頁。

6. 變化不同的音調，重複述說故事內容。

7. 配合動作述說故事內容。

8. 孩子熟悉故事內容後，即可和孩子玩故事接龍遊戲。

9. 邀請爸爸一起進行扮演遊戲。

10. 在實際的生活情境中，引導孩子向同伴詢問：「我們一起玩好嗎？」

你可以這樣做 2：請問你要不要水果？

材　　料

　　水果盆＋切好的塊狀水果、夾子一支、水果盤數個、水果叉數支。

活動地點

　　餐桌。

活動過程

1. 爸爸、媽媽和孩子分別坐在餐椅。
2. 邀請孩子分發水果盤和水果叉。
3. 爸爸端起水果盆，夾出水果塊，放入自己的水果盤裡。
4. 爸爸再端起水果盆轉向孩子並詢問：「請問你要不要水果？」
5. 孩子回答：「謝謝！我要水果。」同時伸出雙手接過水果盆，夾出水果塊，放入自己的水果盤裡。
6. 孩子取拿水果後，端起水果盆，轉向媽媽並詢問：「請問你要不要水果？」
7. 重複練習上述活動。

你可以這樣做 3：請把玩具還給我！

材　　料

　　小汽車一輛。

活動地點

　　遊戲區。

活動過程

1. 媽媽拿出小汽車，邀請孩子到遊戲區玩。

2. 待孩子玩得正投入時，爸爸突然過來拿走孩子的小汽車。

3. 媽媽馬上介入說：「爸爸拿走你的小汽車，怎麼辦？」

4. 孩子若無法回應，媽媽隨即引導孩子說：「爸爸，請把小汽車還給我！」並牽起孩子的手，做出手心向上的索討狀。

5. 爸爸依然藉故不還。

6. 媽媽再引導孩子說：「你拿走我的小汽車，我很難過，請還給我！」

7. 爸爸等孩子說出上述話語，並做出動作後，再將小汽車歸還並道歉。

8. 在實際的生活情境中，引導孩子練習上述過程。

國家圖書館出版品預行編目資料

教養密碼：優秀孩子是這樣教出來
的/陳鳳卿著. --初版. --臺北市：書
泉, 2012.05
　　面；　公分
ISBN 978-986-121-736-9（平裝）

1.親職教育　2.子女教育

528.2　　　　　　　101001713

3IC6

教養密碼：優秀孩子是這樣教出來的

作　　　者 ─ 陳鳳卿（270.8）

發 行 人 ─ 楊榮川

總 編 輯 ─ 王翠華

主　　　編 ─ 陳念祖

責任編輯 ─ 謝麗恩　李敏華

封面設計 ─ 莫美龍

出 版 者 ─ 書泉出版社

地　　　址：106臺北市大安區和平東路二段339號4樓

電　　　話：(02)2705-5066　傳真：(02)2706-6100

網　　　址：http://www.wunan.com.tw

電子郵件：shuchuan@shuchuan.com.tw

劃撥帳號：01303853

戶　　　名：書泉出版社

總 經 銷：聯寶國際文化事業有限公司

電　　　話：(02)2695-4083

地　　　址：新北市汐止區康寧街169巷27號8樓

法律顧問：元貞聯合法律事務所　張澤平律師

出版日期：2012年5月初版一刷

定　　　價：新臺幣280元